Caroline Hwang

Kochen mit dem WOK

Einfach, schnell
und lecker:
80 Rezepte aus der
asiatischen Küche

riva

UNVERZICHTBARE UTENSILIEN

Zange

Dampfkorb

Sieblöffel

INHALT

RAN AN DEN WOK!

Der Wok wird in europäischen Küchen nicht oft verwendet, dabei ist er so vielseitig und effizient! Die meisten wissen, dass man in ihm Zutaten scharf anbraten kann. Weniger bekannt ist, dass er auch zum Schmoren, Dämpfen, Frittieren, Köcheln oder Pochieren verwendet werden kann. Der rauchige, leicht karamellisierte Geschmack, der für Wok-Gerichte charakteristisch ist, wird als *Wok hei* (»der Atem des Wok«) bezeichnet. Generell wird im Wok auf starker Hitze gekocht. Temperaturen wie in Restaurantküchen sind schwierig zu erreichen, aber mit den Tricks, die in diesem Buch verraten werden, kommen Sie dem Ziel näher.

Ein Wok sollte eine Patina und eine nicht klebrige Oberfläche haben, damit Sie ihn nicht stundenlang schrubben müssen. Der Wok ist leicht, besteht aus einer dünnen Metallschicht und bietet einen anderen Temperatur-

verlauf als Ihre anderen Kochgeräte. Dank seiner Form bleibt der Boden extrem heiß, um die Zutaten anzubraten, während sie an den Seitenwänden garen, ohne zu verbrennen. Die ständige Drehbewegung sorgt dafür, dass die Speisen zügig und gleichmäßig gegart werden.

Die meisten Rezepte in diesem Buch sind schnell und einfach zuzubereiten. Wenn alle Zutaten vorbereitet sind, kann es losgehen! Das Kochen wird im Handumdrehen erledigt sein. Sie können im Wok ein schnelles Abendessen zaubern, aber auch ein feines, geschmortes Gericht für den Sonntag.

SO FUNKTIONIERT DER WOK

Das müssen Sie beachten, damit Ihnen köstliche Gerichte im Wok gelingen:

1.

DEN WOK EINÖLEN
Meistens wird der Wok bei hohen Temperaturen verwendet. Daher ist es wichtig, ein Öl zu verwenden, das schnell heiß wird, aber nicht verbrennt. Olivenöl ist dafür nicht geeignet. Für jedes Rezept werden Öle vorgeschlagen. Sie können durch andere Öle mit einem ähnlichen Rauchpunkt ersetzt werden.

2.

PEP DURCH GEWÜRZE
Die Grundsoße oder die Gewürze geben dem Gericht Charakter. Es gibt viele verschiedene Arten von Soßen, die gut zu Wok-Gerichten passen: Hoisin-Soße, Austernsoße, Kokosmilch, Szechuan-Pfeffer und andere. Die Rezepte, die Sie im ersten Kapitel finden, bieten Ihnen eine gute Grundlage für die Zubereitung Ihrer Gerichte.

3.

GUT GESCHNITTEN IST HALB GEKOCHT
Damit das Gemüse gut gart, aber seine Farbe nicht verliert, muss es so geschnitten werden, dass es zu den übrigen Zutaten passt.

4.

PROTEINE
Dabei geht es geht nicht nur um Fleisch oder Fisch. Auch Tofu und Eier können Teil einer leckeren, ausgewogenen Mahlzeit sein.

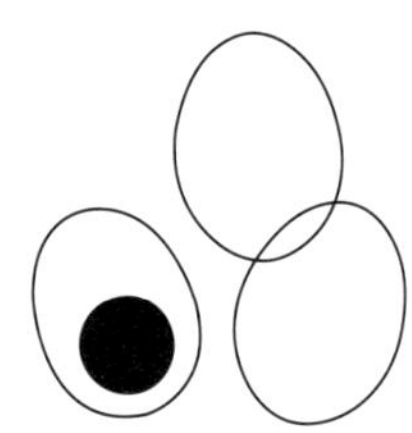

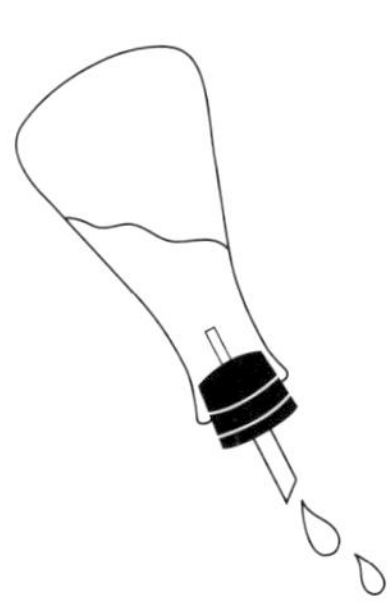

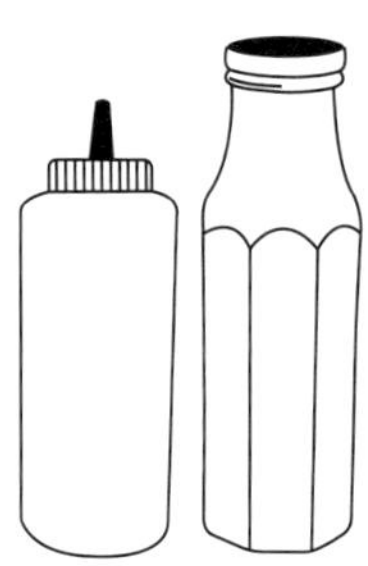

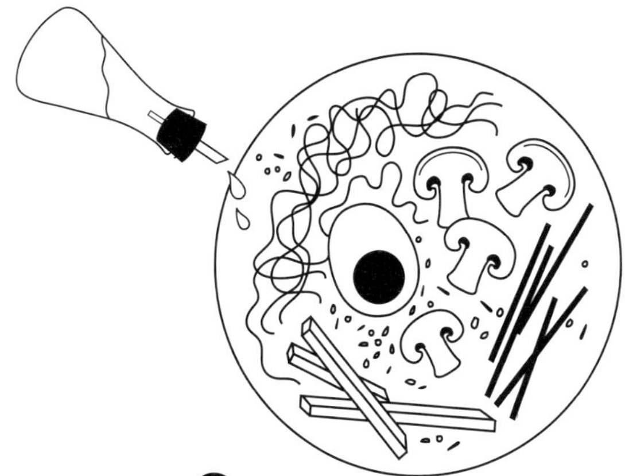

5.

KOHLENHYDRATE
In Asien liefern meist Reis oder Nudeln den Kohlenhydratanteil eines Gerichts. Es gibt unzählige Sorten, die zusammen mit Gemüse und/ oder Fleisch eine komplette Mahlzeit ergeben. Scheuen Sie sich nicht, neue auszuprobieren oder zu kombinieren.

6.

ALLES GUT VORBEREITEN
Bevor Sie beginnen, vergewissern Sie sich, dass alle Zutaten bereit sind. Schneiden Sie das Gemüse und bereiten Sie Ihre Soßen im Voraus vor, da das Kochen bei starker Hitze im Wok sehr schnell geht.

7.

GAREN IN MEHREREN SCHRITTEN
Wenn Sie in mehreren Schritten vorgehen, vermeiden Sie, dass der Wok überfüllt ist und zu viel Hitze verliert. Braten Sie zwei oder drei Zutaten auf einmal an und stellen Sie sie in einer Schüssel beiseite, bis alles fertig ist. dann geben Sie alles wieder in den Wok und mischen es mit der Soße.

8.

KLEINE EXTRAS
Um das Gericht perfekt abzurunden, bestreuen Sie es mit etwas Knusprigem wie Sesamkörnern oder verfeinern es mit einem Schuss Sesamöl oder einem zusätzlichen Gewürz.

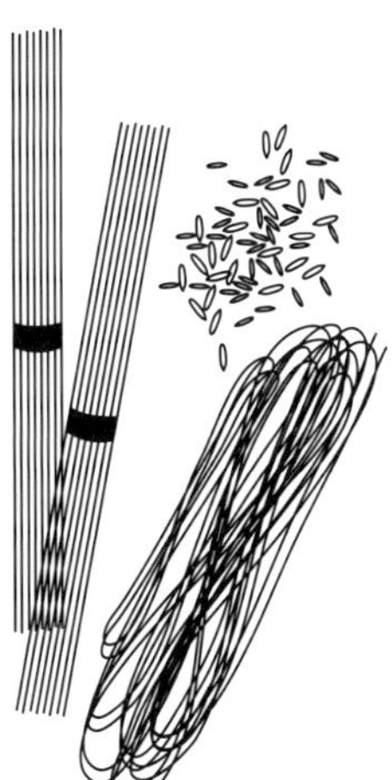

PRAKTISCHE TIPPS

Woks gibt es in verschiedenen Ausführungen, darum ist es wichtig, die richtige Wahl zu treffen. Mit den folgenden Tipps werden alle Ihre Gerichte gut gelingen.

DER RICHTIGE WOK

Die Wahl des Woks hängt von der Art des Herds ab. Wenn Sie mit Gas kochen, sollten Sie einen Wok mit abgerundetem Boden wählen. Für einen Elektroherd eignet sich ein Wok mit flachem Boden. Damit sich die Hitze gleichmäßig verteilt und das Öl gut reagiert, sollten Sie darauf achten, dass der Wok aus Karbonstahl (nicht aus Edelstahl) besteht oder antihaftbeschichtet ist. Außerdem ist ein Wok mit einem Holzgriff leichter zu handhaben.

DIE PATINA

Wenn Sie einen Wok kaufen, ist er mit Fett oder Öl beschichtet. Schrubben Sie diese Schicht mit heißem Wasser, Seife und einem Scheuerschwamm ab. Trocknen Sie den Wok bei offenem Fenster oder auf dem Herd bei starker Hitze mit eingeschalteter Dunstabzugshaube, bis er zu rauchen beginnt. Dann ein Stück Küchenpapier in Öl tauchen, mit einer Zange festhalten und den Wok damit auswischen. Diesen Vorgang noch einmal wiederholen. Dann ist der Wok einsatzbereit.

DIE PFLEGE DES WOKS

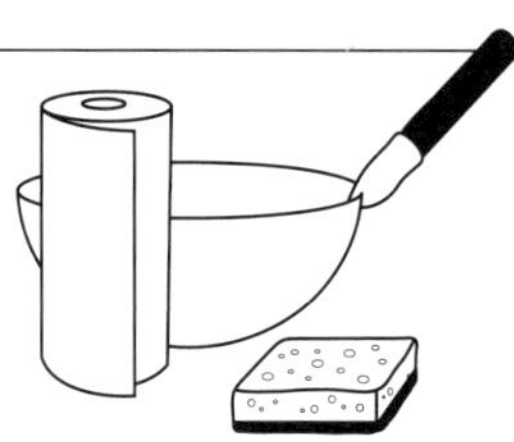

Reinigen Sie Ihren Wok nicht mit Spülmittel. Verwenden Sie die weiche Seite eines Küchenschwamms, um Öl und Essensreste zu entfernen. Lassen Sie den Wok bei geringer Hitze auf dem Herd trocknen oder trocknen Sie ihn mit Küchenpapier oder einem Geschirrtuch ab.

VORHEIZEN

Mit einem einfachen Test lässt sich herausfinden, ob der Wok heiß genug ist: Spritzen Sie einen Tropfen Wasser hinein. Wenn er sofort verdampft, ist die Temperatur richtig.

GARMETHODEN

Der Wok eignet sich für die verschiedensten Garmethoden. Von gebratenem Gemüse und Fleisch über Teigbällchen, die im Dampf gegart werden, bis hin zu Frittiertem können Sie alles darin zubereiten!

BRATEN

Der Wok hat eine runde Form und heizt sich schnell auf. Er eignet sich daher besonders gut für die Zubereitung von gebratenen Speisen.

FRITTIEREN

Dank seiner Form und Tiefe kann er die zum Frittieren von Speisen erforderliche Ölmenge aufnehmen.

DÄMPFEN

Zum Dampfgaren benötigen Sie einen Dampfkorb. Stellen Sie den Korb in Ihren Wok, der mit 2½–5 Zentimeter Wasser gefüllt ist, und legen Sie den Deckel auf den Wok.

ZUTATEN AUSTAUSCHEN

- Wenn Sie keinen Gochugaru-Chili finden, verwenden Sie stattdessen roten Pfeffer oder zerstoßenen Aleppo-Pfeffer.
- Eine echte Alternative zu Gochujang gibt es eigentlich nicht, aber das folgende Rezept kommt der Würzpaste recht nahe:

Für 75 ml

1 TL gehackter Knoblauch
1 TL Zucker
1 EL rote Misopaste
1 TL Sojasoße
1 TL Mirin
1 TL Sesamöl
3 EL Aleppo-Pfeffer

Zubereitung

Alle Zutaten verrühren und 1 Stunde bei Zimmertemperatur ruhen lassen. Die Paste soll dickflüssig sein. Falls sie zu fest ist, etwas Wasser unterrühren. Nach Bedarf verwenden.

NUDELN UND REIS

*Es gibt eine große Auswahl an Reis und Nudeln.
Hier finden Sie Vorschläge für die Zubereitung köstlicher Wok-Gerichte.*

GLASNUDELN
RUNDKORN-
NATURREIS
FRISCHE
WEIZENNUDELN
GETROCKNETE
UDON-NUDELN
SOBA-NUDELN
REIS-BANDNUDELN
BREITE FRISCHE WEIZENNUDELN

ASIATISCHE PRODUKTE FÜR DEN VORRATSSCHRANK

Diese Produkte sollten Sie für asiatische Rezepte im Haus haben.

DUNKLE SOJASOSSE
GERÖSTETER SESAM
KOMBU
(SEETANG)
TAMARINDENPASTE
SZECHUAN-PFEFFER
(KÖRNER)
MIRIN
(SEHR SÜSSER SAKE)
NUOC-MAM
(FISCHSOSSE)
CURRYPULVER
AUSTERNSOSSE
REISESSIG
GOCHUGARU
(KOREANISCHES CHILIPULVER)

Soßen und Beilagen

Für Wok-Gerichte brauchen Sie Soßen mit ausgewogenem Geschmack und aromatische Beilagen, die schnell und einfach zuzubereiten sind.

SOSSE ZU GEBRATENEM

Vorbereitung: 2 Minuten

Ergibt 190 ml

100 ml dunkle Sojasoße
60 ml helle Sojasoße
30 ml chinesischer Kochwein
oder trockener Sherry
1 TL gemahlener weißer Pfeffer

Zubereitung

Dunkle und helle Sojasoße, Wein und Pfeffer in ein Schraubglas gebe, verschließen und gut schütteln. Die Soße hält sich im Kühlschrank etwa 2 Monate.

SÜSSE SOJASOSSE MIT SESAM

Vorbereitung: 2 Minuten

Ergibt 230 ml

2 EL gehackter Knoblauch
1 TL geröstete Sesamsamen
2 ½ EL Honig
150 ml Sojasoße
2 EL Sesamöl
1 TL Gochugaru (koreanisches Chilipulver)

Zubereitung

Knoblauch, Sesamsamen, Honig, Sojasoße, Sesamöl und Gochugaru in ein Schraubglas geben, verschließen und schütteln. Die Soße hält sich im Kühlschrank etwa 2 Monate.

NUOC-CHAM (SOSSENBASIS)

Vorbereitung: 2 Minuten

Ergibt 365 ml

4 Knoblauchzehen, gehackt
120 ml Nuoc-mam
120 ml Reisessig
120 ml Limettensaft
65 g Zucker

Zubereitung

Knoblauch, Nuoc-mam, Reisessig, Limettensaft und Zucker in ein Schraubglas geben, verschließen und gut schütteln. Die Soße hält sich im Kühlschrank etwa 2 Wochen.

JAPANISCHE SOSSENBASIS

Vorbereitung: 2 Minuten

Ergibt 275 ml

150 ml Sojasoße
60 ml Mirin
60 ml Sake
2 EL Zucker

Zubereitung

Sojasoße, Mirin, Sake und Zucker in ein Schraubglas geben, verschließen und gut schütteln. Die Soße hält sich im Kühlschrank etwa 1 Monat.

KOKOS-SOSSENBASIS

Vorbereitung: 2 Minuten
Garzeit: 2 Minuten

Ergibt 450 ml

400 ml Kokosmilch (Dose)
2 EL Zucker
3 EL Nuoc-mam

Zubereitung

Kokosmilch und Zucker in einem kleinen Topf verrühren. Unter Rühren erhitzen, bis der Zucker aufgelöst ist. In ein Schraubglas gießen und Nuoc-mam zufügen. Verschließen. Die Soße hält sich im Kühlschrank etwa 2 Wochen.

SÜSS-SCHARFE SOSSE

Vorbereitung: 2 Minuten

Ergibt 150 ml

2 EL gehackter Knoblauch
75 g Gochujang (siehe Seite 11)
2 EL Sojasoße
2 EL Mirin
2 EL Zucker

Zubereitung

Knoblauch, Gochujang, Sojasoße, Mirin und Zucker in ein Schraubglas geben und glatt verrühren. Verschließen. Die Soße hält sich im Kühlschrank etwa 2 Wochen.

SZECHUAN-ÖL

Vorbereitung: 10 Minuten plus Ziehzeit: 2 Stunden

Ergibt 250 ml

250 ml Rapsöl
6 Knoblauchzehen, zerdrückt
4 cm Ingwer
3 Sternanis
2 Zimtstangen
2 TL Koriandersamen
2 TL Gochugaru (koreanisches Chilipulver)
1 EL Sojasoße
1½ EL Szechuan-Pfeffer
1 TL Salz

Zubereitung

Rapsöl, Knoblauch, Ingwer, Sternanis, Zimt und Koriandersamen in einem Topf bei kleiner Hitze zum Kochen bringen, dann den Herd ausschalten und die Mischung 2 Stunden ziehen lassen. Gochugaru, Sojasoße, Szechuan-Pfeffer und Salz in 1 kleines, luftdicht schließendes, hitzebeständiges Glas geben. Das Öl direkt in das Glas abseihen. Das Würzöl hält sich bis zu vier Wochen.

MARINIERTER KAI CHOI

Vorbereitung: 6 Minuten plus Marinierzeit: über Nacht
Garzeit: 2 Minuten

Ergibt 1 l

4 EL Salz
5 EL Zucker
1 EL weißer destillierter Essig
½ TL Szechuan-Pfeffer nach Belieben
350 g Kai Choi (Senfkohl), zerteilt
½ mittelgroße Zwiebel, gehackt

Zubereitung

In einem Topf 1 l Wasser, Salz, Zucker, Essig und Szechuan-Pfeffer verrühren. Zum Kochen bringen, dann in ein Glas füllen und den Kai Choi und die Zwiebel hinzufügen. Über Nacht marinieren lassen. Im Kühlschrank etwa 1 Monat haltbar.

MARINIERTE VOGELAUGENCHILI

Vorbereitung: 4 Minuten plus Marinierzeit: 12–48 Stunden

Ergibt 180 ml

40 g Vogelaugenchili, in 5 mm lange Stücke geschnitten
60 ml Nuoc-mam
120 ml Reisessig

Zubereitung

Vogelaugenchili, Nuoc-mam und Reisessig in einem Schraubglas verrühren. 12–48 Stunden bei Zimmertemperatur marinieren lassen. Im Kühlschrank 1 Monat haltbar.

SCHNELLER KIMCHI

Vorbereitung: 35–40 Minuten

Ergibt 700 ml

475 g Pak Choi, in 5 cm große Stücke geschnitten
4 EL grobes Salz
4 Knoblauchzehen, gehackt
4 Frühlingszwiebeln, in 2 cm lange Stücke geschnitten
2 EL Gochugaru (koreanisches Chilipulver)
2 EL Nuoc-mam
2 EL Sambal
2 TL Zucker

Zubereitung

Den Pak Choi in eine Schüssel geben, mit dem Salz bestreuen und 1 Stunde ziehen lassen. Nach 30 Minuten umrühren. Die Flüssigkeit abgießen und den Pak Choi gut abspülen.

Den Pak Choi in einer anderen Schüssel mit Knoblauch, Frühlingszwiebeln, Gochugaru, Nuoc-mam, Sambal, Zucker und Salz gut verrühren. In einem luftdichten Glas ist Kimchi im Kühlschrank 2 Wochen haltbar.

Nudeln und Reis

Es gibt nichts Besseres als gebratene Nudeln oder gebratenen Reis mit frischem Gemüse, Fleisch und Fisch. In diesem Kapitel finden Sie traditionelle asiatische Rezepte, aber auch asiatisch inspirierte Rezepte, bei denen Nudeln und Reis die Hauptrolle spielen.

NUDELN MIT GEMÜSE (CHINA)

Vorbereitung: 5 Minuten
Garzeit: 15 Minuten

Für 2 Personen

3 EL Austernsoße
1 EL Soße zu Gebratenem (siehe Seite 18)
2 EL Pflanzenöl
3 Knoblauchzehen, gehackt
200 g Weißkohl, ein dünne Streifen geschnitten
100 g Austernpilze
4 Frühlingszwiebeln, in 5 cm lange Stücke geschnitten
425 g gekochte Udon-Nudeln (145 g Rohgewicht)

Zubereitung

Die Soßen in einer Schüssel verrühren. 1EL Pflanzenöl erhitzen, Knoblauch und Kohl zugeben und 3 Minuten leicht anbräunen. Zur Seite stellen. Das restliche Pflanzenöl zugießen und die Austernpilze unter Rühren braten, bis sie gar, aber noch knackig sind. Den Kohl wieder hinzufügen, dann die verrührten Soßen, Frühlingszwiebeln und Nudeln zugeben und braten, bis alles gleichmäßig durchgewärmt ist. In 2 Servierschalen verteilen.

JAPCHAE MIT PILZEN (KOREA)

Vorbereitung: 10 Minuten
Garzeit: 10 Minuten

Für 2 Personen

3 EL süße Sojasoße mit Sesam (siehe Seite 20)
2 EL Zucker
1 EL Sesamöl
3 EL Pflanzenöl
75 g Karotten, in dünne Stifte geschnitten
65 g Zwiebeln, gehackt
45 g Shiitake-Pilze, gehackt
75 g rote Paprikaschote, in Streifen geschnitten
100 g Spinat, grob gehackt
340 g Nudeln aus Süßkartoffelstärke (80 g Rohgewicht)

Zubereitung

In einer Schüssel die süße Sojasoße mit Zucker und Sesamöl verrühren. Zur Seite stellen. Das Pflanzenöl erhitzen. Karottenstifte und Zwiebeln darin 5 Minuten braten, bis das Gemüse weich ist. Zur Seite stellen. Shiitake-Pilze und Paprika 4 Minuten braten. Den Spinat hinzufügen und erhitzen, bis er zusammenfällt. Zur Seite stellen. Die Süßkartoffelnudeln 1 Minute braten. Das Gemüse wieder in den Wok geben, die Soßenmischung zugießen und alles unter Rühren gleichmäßig durchwärmen. in 2 Servierschalen verteilen.

GEBRATENE NUDELN MIT KIMCHI (KOREA)

Vorbereitung: 10 Minuten
Garzeit: 15 Minuten

Für 2 Personen

1 EL Pflanzenöl
165 g Kimchi mit Lake (gekauft oder nach Rezept auf Seite 36)
1 EL Sesamöl
285 g gekochte Somen-Nudeln (100 g Rohgewicht)
2 EL süß-scharfe Soße (siehe Seite 28)
45 g Romanasalat, in kleine Stücke geschnitten
Einige Nori-Streifen

Zubereitung

Pflanzenöl auf hoher Stufe erhitzen den Kimchi (ohne Einlegeflüssigkeit) zugeben und 4 Minuten zusammenfallen lassen. ½ EL Sesamöl, Somen-Nudeln, süß-scharfe Soße und etwas Einlegeflüssigkeit vom Kimchi zufügen und braten, bis alles gut durchgewärmt ist. Das restliche Sesamöl hinzugeben. Auf 2 Servierschalen verteilen und mit dem Romanasalat und den Nori-Streifen garnieren.

REIS MIT TOFU (ASIEN)

Vorbereitung: 10 Minuten
Garzeit: 10–15 Minuten

Für 2 Personen

1 EL japanische Soßenbasis (siehe Seite 24)
1 TL Reisessig
2 EL Sesamöl
2 Frühlingszwiebeln, gehackt
4 EL Pflanzenöl
250 g Tofu, in 4 cm große Stücke geschnitten
175 g grüne Bohnen, in 4 cm lange Stücke geschnitten
2 Knoblauchzehen, gehackt
2 Eier
330 g gekochter Sushi-Reis (140 g Rohgewicht)

Zubereitung

Japanische Soßenbasis, Reisessig, Sesamöl und 1 Frühlingszwiebel in einer Schüssel verrühren. 3 EL Pflanzenöl erhitzen. Den Tofu 3–5 Minuten von jeder Seite anbraten, damit er weich wird. Grüne Bohnen und Knoblauch zufügen und 1 Minute mitbraten. Zur Seite stellen. Das restliche Pflanzenöl in den Wok geben und die Eier 3–5 Minuten braten. Reis, Soße und Gemüse auf 2 Servierschalen verteilen. Auf jede Portion ein Spiegelei geben. Mit den restlichen Frühlingszwiebeln garnieren.

PAD SEE EW (THAILAND)

Vorbereitung: 4 Minuten
Garzeit: 6 Minuten

Für 2 Personen

3 EL Austernsoße
2 TL Soße zu Gebratenem (siehe Seite 18)
1½ EL Zucker
1 TL Reisessig
1 Knoblauchzehe, gehackt
3 EL Pflanzenöl

245 g chinesischer Brokkoli (Kai-lan), in Stücke geschnitten
400 g gegarte breite Reisnudeln (150 g Rohgewicht)
2 Eier, verquirlt

Zubereitung

Die Soßen in einer Schüssel mit Zucker und Reisessig verrühren. Zur Seite stellen. Den Knoblauch in Pflanzenöl 1 Minute braten. Den chinesischen Brokkoli zugeben und leicht bräunen. Reisnudeln und die Soßenmischung hinzufügen und braten, bis alles gut durchgewärmt ist. Aus dem Wok nehmen. Das Rührei zubereiten, dann Reisnudeln und Gemüse wieder hinzufügen. Gut umrühren und auf 2 Servierschalen verteilen.

REIS MIT SCHWEINEFLEISCH (TAIWAN)

Vorbereitung: 30 Minuten
Garzeit: 1 Stunde

Für 2 Personen

2 Knoblauchzehen, gehackt
300 g Schweinebauch, in dünne Streifen geschnitten
15 g Schalotten, fein gehackt
60 ml Soße zu Gebratenem (siehe Seite 18)
2 EL Pflanzenöl
1 TL Reisessig
1 EL weißer Zucker
1 EL brauner Zucker
1 TL Fünf-Gewürze-Mischung
320 g gekochter Jasminreis (100 g Rohgewicht)
35 g Erbsensprossen

Zubereitung

Den Knoblauch bei mittlerer bis starker Hitze im Pflanzenöl 30 Sekunden braten. Zur Seite stellen. Das Schweinefleisch unter ständigem Rühren 4 Minuten braten. Den Knoblauch wieder in den Wok geben, die Schalotten hinzufügen und umrühren. 70 ml Wasser zugießen und die restlichen Zutaten (außer dem Reis und den Erbsensprossen) unterrühren. Zum Kochen bringen, teilweise abdecken und 1 Stunde lang köcheln lassen, damit das Schweinefleisch zart und die Soße dickflüssig wird. Mit dem Reis und den Erbsensprossen in 2 Servierschalen verteilen.

BIBIMBAP (KOREA)

Vorbereitung: 15 Minuten
Garzeit: 15 Minuten

Für 2 Personen

3 EL Pflanzenöl
80 g Karotten, in dünne Stifte geschnitten
100 g Spinat, grob zerschnitten
80 g Zucchini, in halbe Scheiben geschnitten
Salz
200 g weißer Sushi-Reis, am Vortag gekocht (80 g Rohgewicht)
2 EL süß-scharfe Soße (siehe Seite 28)
2 Eier
1 EL Sesamöl

Zubereitung

Die Karotten in 1EL Pflanzenöl bei starker Hitze braten, bis sie weich sind. Spinat und Zucchini zufügen und 3–5 Minuten mitgaren. Salzen und zur Seite stellen. Den Reis in 1EL Pflanzenöl 2 Minuten braten, dann vom Wokboden losrühren und weitere 2 Minuten braten. Das Gemüse wieder in den Wok geben, die süß-scharfe Soße zufügen und umrühren. Vom Herd nehmen und das Sesamöl unterrühren. In 2 Servierschalen verteilen. Die Eier im Sesamöl braten und in die Schalen legen.

REIS MIT LAMMFLEISCHKLÖSSCHEN (ASIEN)

Vorbereitung: 12 Minuten
Garzeit: 5–8 Minuten

Für 2 Personen

200 g Lamm-Hackfleisch
1 TL Szechuan-Pfefferkörner, geröstet und grob gemahlen
1½ TL Sojasoße
2 Knoblauchzehen, gehackt
½ TL gemahlener Kreuzkümmel
10 g Koriander, gehackt plus 10 g Korianderblätter
340 g gegarter brauner Reis (150 g Rohgewicht)
80 g junger Grünkohl, zerteilt
2 EL Erdnussöl

Zubereitung

Lamm-Hackfleisch, Szechuan-Pfeffer, Sojasoße, Knoblauch, Kreuzkümmel und gehackten Koriander verkneten. Aus der Masse 4 flache Klöße formen und bei mittlerer bis hoher Hitze in Erdnussöl auf jeder Seite 5–8 Minuten braten. Braunen Reis und Grünkohl in 2 Servierschüsseln verteilen. Auf jede 2 Fleischklöße legen. Mit den Korianderblättern garnieren.

PAD THAI MIT HÄHNCHEN (THAILAND)

Vorbereitung: 5 Minuten
Garzeit: 15 Minuten

Für 2 Personen

2 EL Tamarindenpaste
4 EL Zucker
3 EL Nuoc-cham (siehe Seite 22)
225 g Hähnchenbrustfilet, gewürfelt
4 EL Pflanzenöl
½ kleine Zwiebel, gehackt
175 g Brokkoli, in Röschen zerteilt
2 Eier, verquirlt
350 g gekochte flache Reisnudeln (150 g Rohgewicht)

Zubereitung

Die Tamarindenpaste in einer Schüssel mit Zucker, Nuoc-cham und 60 ml Wasser verrühren. Das Hähnchen bei starker Hitze in 2 EL Pflanzenöl 4 Minuten unter ständigem Rühren braten. Zwiebeln und Brokkoli hinzufügen und 5 Minuten mitgaren. Zur Seite stellen. Das Rührei im restlichen Pflanzenöl zubereiten. Reisnudeln und Tamarindenpaste zugeben. Umrühren, dann das Hähnchen und das Gemüse hinzufügen. Alles gut durchwärmen und auf 2 Tellern verteilen.

NUDELN MIT GARNELEN (VIETNAM)

Vorbereitung: 14 Minuten plus Marinierzeit: 1 Stunde
Garzeit: 4 Minuten

Für 2 Personen

340 g rohe Garnelen, küchenfertig, mit Schwanz
3 EL Zitronengras, geraspelt
2 Knoblauchzehen, gehackt
3 EL Pflanzenöl
200 g gegarte Glasnudeln (85 g Rohgewicht)
2 Frühlingszwiebeln, schräg in dünne Ringe geschnitten
3 Vogelaugenchilis, in kleine Stücke geschnitten
3 EL Minze, gehackt
120 ml Nuoc-cham (siehe Seite 22)

Zubereitung

Garnelen, Zitronengras, Knoblauch und 2 EL Pflanzenöl in einer Schüssel verrühren. Mindestens 1 Stunde marinieren lassen. Die Garnelen in 1 EL Pflanzenöl bei starker Hitze 4 Minuten braten. Die Nudeln in 2 Servierschalen verteilen. Garnelen, Frühlingszwiebeln, Vogelaugenchilis und Minze darauf anrichten. Mit der Nuoc-Cham-Soße servieren.

YAKISOBA MIT HÄHNCHEN (JAPAN)

Vorbereitung: 10 Minuten
Garzeit: 12–15 Minuten

Für 2 Personen

60 ml japanische Soßenbasis (siehe Seite 24)
60 ml Worcestershiresoße
2 EL Ketchup
340 g Hähnchenoberkeulen ohne Haut und Knochen, in 5 cm große Stücke geschnitten
3 EL Erdnussöl
40 g Karotten, in dünne Stifte geschnitten
90 g Weißkohl, in Streifen geschnitten
315 g gegarte Ramen-Nudeln (125 g Rohgewicht)
3 Frühlingszwiebeln, in Streifen geschnitten
Salz und weißer Pfeffer

Zubereitung

Die Soßen und den Ketchup in einer Schüssel verrühren. Das Fleisch bei starker Hitze in 1EL Erdnussöl 5–8 Minuten unter Rühren braten. Zur Seite stellen. Karotten und Kohl im restlichen Öl 2 Minuten braten. Ramen-Nudeln, Soßenmischung und Fleisch zugeben und braten, bis alles gut durchgewärmt ist. Vom Herd nehmen und die Frühlingszwiebeln hinzufügen. Mit Salz und Pfeffer abschmecken und vorsichtig umrühren. Auf 2 Teller verteilen.

CHOW FUN MIT RINDFLEISCH (CHINA)

Vorbereitung: 10 Minuten plus Marinierzeit: 1 Stunde
Garzeit: 18–20 Minuten

Für 2 Personen

280 g Flanksteak, in 7 cm lange Streifen geschnitten
1 TL Maisstärke
1 TL Sojasoße
3 EL Pflanzenöl
½ kleine gelbe Zwiebel, gehackt
175 g chinesischer Brokkoli (Kai-lan)
255 g gegarte breite Weizennudeln (170 g Rohgewicht)
2 EL Soße zu Gebratenem (siehe Seite 18)
1 TL Sesamöl
60 g Sojabohnensprossen

Zubereitung

Flanksteak, Maisstärke und Sojasoße in einer Schüssel mischen und 1 Stunde marinieren lassen. 1½ EL Pflanzenöl auf hoher Stufe bis an den Rauchpunkt erhitzen. Das Flanksteak 5 Minuten braten, bis die Streifen goldbraun sind. Zur Seite stellen. Die Zwiebel in 1½ EL Pflanzenöl 5 Minuten braten. Den chinesischen Brokkoli zugeben und 3–5 Minuten mitbraten. Weizennudeln, Soße zu Gebratenem und Sesamöl zufügen und alles kurz braten. Sojasprossen und Fleisch zufügen und alles gut durchwärmen. Auf 2 Teller verteilen.

PIKANTE NUDELN (SZECHUAN)

Vorbereitung: 10 Minuten
Garzeit: 10 Minuten

Für 2 Personen

2 EL Soße zu Gebratenem (siehe Seite 18)
2 TL Zucker
2 Frühlingszwiebeln, gehackt
2 Knoblauchzehen, gehackt
175 g Pak Choi, halbiert oder geviertelt
3 EL Erdnussöl
400 g gekochte frische breite Weizennudeln (250 g Rohgewicht)
3 EL Szechuan-Öl (siehe Seite 30)
weißer Pfeffer aus der Mühle nach Belieben

Zubereitung

Soße zu Gebratenem, Zucker und Frühlingszwiebeln in einer Schüssel verrühren. Knoblauch und Pak Choi im Erdnussöl bei starker Hitze 4 Minuten braten. Die Soße und die Weizennudeln hinzufügen und alles köcheln lassen, bis der Zucker aufgelöst ist. Vom Herd nehmen und das Szechuan-Öl einrühren. Nach Belieben mit Pfeffer würzen und auf 2 Teller verteilen.

BRATREIS MIT SCHWEINEFLEISCH UND KURKUMA (VIETNAM)

Vorbereitung: 8 Minuten
Garzeit: 12 Minuten

Für 2 Personen

3 EL Traubenkernöl
2 Schalotten, gehackt
4 Frühlingszwiebeln, gehackt plus 1 EL
175 g Schweinehackfleisch
60 g junge Erbsen (frisch oder TK)
320 g Jasminreis, am Vortag gekocht (100 g Rohgewicht)
2 Eier, verquirlt
3 EL Sojasoße
½ TL gemahlene Kurkuma

Zubereitung

Das Traubenkernöl auf hoher Stufe erhitzen. Die Schalotten und 4 Frühlingszwiebeln 3 Minuten braten. Wenn die Schalotten glasig sind, das Hackfleisch zufügen und 2 Minuten mitbraten. Die Erbsen zugeben und mitbraten, bis sie weich sind. Den Jasminreis unterrühren und weitere 3 Minuten braten. Die verquirlten Eier zugießen und gleichmäßig unterrühren. Sojasoße und Kurkuma zufügen und 1 Minute durchwärmen. Auf 2 Teller verteilen und mit Frühlingszwiebeln garnieren.

REIS MIT SOJASPROSSEN (KOREA)

Vorbereitung: 5 Minuten
Garzeit: 10 Minuten

Für 2 Personen

2 EL Traubenkernöl
50 g schneller Kimchi (siehe Seite 36), in Stücke geschnitten
200 g Sojabohnensprossen
200 g brauner Sushi-Reis, am Vortag gekocht (80 g Rohgewicht)
2 EL Sesamöl
80 ml süße Sojasoße mit Sesam (siehe Seite 20)
2 Frühlingszwiebeln, gehackt
gerösteter Sesam

Zubereitung

Das Traubenkernöl auf hoher Stufe erhitzen und den Kimchi 4 Minuten braten. Sojasprossen, Reis und Sesamöl zugeben und weitere 3 Minuten braten. 60 ml Sojasoße zufügen und gut umrühren. Auf 2 Schüsseln verteilen und mit den Frühlingszwiebeln und dem gerösteten Sesam garnieren. Mit der restlichen Sojasoße servieren.

SOBA-NUDELN MIT TOFU (ASIEN)

Vorbereitung: 15 Minuten
Garzeit: 10 Minuten

Für 2 Personen

40 ml Sesamöl
150 g Spargel, in Stücke geschnitten
75 g Edamame, TK
185 g Tofu, in 4 cm große Stücke geschnitten
40 ml Sojasoße
1 EL Reisessig
315 g gekochte Soba-Nudeln (125 g Rohgewicht)
1 EL geriebener Ingwer
gerösteter Sesam

Zubereitung

10 ml Sesamöl auf mittlerer bis hoher Stufe erhitzen. Spargel und Edamame 5 Minuten braten, bis sie weich und leicht gebräunt sind. Tofu, Sojasoße und Reisessig zufügen und kurz mitbraten. Alles in eine große Schüssel füllen. 30 ml Sesamöl, Soba-Nudeln und Ingwer zugeben, gut umrühren und auf 2 Servierschalen verteilen. Mit den gerösteten Sesamsamen garnieren.

DONBURI MIT RINDFLEISCH (JAPAN)

Vorbereitung: 5 Minuten
Garzeit: 23–30 Minuten

Für 2 Personen

1 kleine Zwiebel, gehackt
2 EL Traubenkernöl
350 g Entrecôte, in Stücke geschnitten
1 TL Zucker
50 ml japanische Soßenbasis (siehe Seite 24)
250 ml Rinderbrühe
450 g gekochter weißer Sushi-Reis (175 g Rohgewicht)
2 Frühlingszwiebeln, in schmale Streifen geschnitten
eingelegter Ingwer

Zubereitung

Die Zwiebel bei geringer Hitze im Traubenkernöl 10–15 Minuten anbraten, bis sie gebräunt ist. Fleisch und Zucker zufügen und 3–5 Minuten braten, bis das Fleisch goldbraun ist. Japanische Soßenbasis und Rinderbrühe zufügen und alles 10 Minuten köcheln lassen. Reis, Fleisch, Soße, Frühlingszwiebeln und eingelegten Ingwer auf 2 Servierschalen verteilen.

RABOKKI (KOREA)

Vorbereitung: 10 Minuten
Garzeit: 20 Minuten

Für 2 Personen

4 cm Kombu (Seetang), eingeweicht
60 ml süß-scharfe Soße (siehe Seite 28)
150 g getrocknete Ramen-Nudeln
80 g Weißkohl, in Stücke geschnitten
8 koreanische Teigtaschen (TK)
½ kleine Zwiebel, gehackt
1 Frühlingszwiebel, in Stücke geschnitten
Sesam

Zubereitung

600 ml Wasser und den Kombu bei starker Hitze zum Kochen bringen. Den Kombu herausnehmen, die süß-scharfe Soße zufügen und vollständig auflösen. Getrocknete Ramen-Nudeln, Kohl, Teigtaschen und Zwiebel zugeben und köcheln lassen, bis die Nudeln und Teigtaschen gar sind und die Brühe eingedickt ist. Auf 2 Servierschalen verteilen und mit Frühlingszwiebeln und Sesam garnieren.

BRATREIS MIT CURRY (JAPAN)

Vorbereitung: 15 Minuten
Garzeit: 10 Minuten

Für 2 Personen

3 EL Currypulver oder Garam Masala
2 EL japanische Soßenbasis (siehe Seite 24)
1 Knoblauchzehe, gehackt
½ kleine grüne Paprikaschote, in Stücke geschnitten
95 g Zwiebel, in Stücke geschnitten
2 EL Traubenkernöl
325 g Schweinehackfleisch
330 g gekochter weißer Sushi-Reis (145 g Rohgewicht)
Salz und Pfeffer
schneller Kimchi (siehe Seite 36) nach Belieben

Zubereitung

Curry und japanische Soßenbasis in einer Schüssel verrühren. Knoblauch, Paprika und Zwiebel bei mittlerer bis hoher Hitze im Traubenkernöl etwa 3 Minuten anbraten. Das Hackfleisch zugeben und 5 Minuten mitbraten. Die Currymischung und den Sushi-Reis unterrühren und alles gleichmäßig durchwärmen. Mit Salz und Pfeffer abschmecken, in 2 Servierschalen füllen und mit dem schnellen Kimchi garnieren.

OYAKODON (JAPAN)

Vorbereitung: 10 Minuten
Garzeit: 18–25 Minuten

Für 2 Personen

1 kleine Zwiebel, gehackt
1 EL Pflanzenöl
175 ml Hühnerbrühe
3 EL japanische Soßenbasis (siehe Seite 24)
½ TL Zucker
200 g Hähnchenfleisch (Brust und Keule), gewürfelt
2 Eier, verquirlt
1 Frühlingszwiebel, gehackt
330 g gekochter weißer Sushi-Reis (145 g Rohgewicht)

Zubereitung

Die Zwiebel bei mittlerer bis hoher Hitze in Pflanzenöl 3–5 Minuten glasig dünsten. Hühnerbrühe, japanische Soßenbasis und Zucker zugeben. Zum Kochen bringen. Das Fleisch hineingeben und 10–15 Minuten köcheln lassen. Die Eier hinzuzufügen und garen, bis das Eigelb noch leicht flüssig ist. Mit dem Reis in 2 Servierschalen füllen und mit Frühlingszwiebeln garnieren.

NUDELN MIT LAMM UND KREUZKÜMMEL (SZECHUAN)

Vorbereitung: 15 Minuten plus Marinierzeit: 1 Stunde
Garzeit: 10 Minuten

Für 2 Personen

250 g Lammschulter, in dünne Scheiben geschnitten
3 TL Kreuzkümmel, geröstet
2 Knoblauchzehen, gehackt
1 EL Soße zu Gebratenem (siehe Seite 18)
4 EL Szechuan-Öl (siehe Seite 30)
75 g rote Zwiebel, gehackt
1 EL Pflanzenöl
400 g gekochte frische Weizennudeln (250 g Rohgewicht)
20 g Koriander, gehackt

Zubereitung

Das Lammfleisch mit 2 TL Kreuzkümmel, Knoblauch, Soße zu Gebratenem, 100 ml Wasser und 2 EL Szechuan-Öl mischen und 1 Stunde in den Kühlschrank stellen. Fleisch und Zwiebel bei starker Hitze in Pflanzenöl 5 Minuten lang braten. Die Nudeln zugeben und braten, bis alles gleichmäßig durchgewärmt ist. Vom Herd nehmen und mit dem restlichen Szechuan-Öl beträufeln. Auf 2 Schüsseln verteilen und mit Koriander und dem restlichen Kreuzkümmel garnieren.

Gemüse

In diesem Kapitel finden Sie eine Fülle von einfachen Rezepten für Gemüse mit Reis oder Nudeln. Probieren Sie ein rotes Curry mit Austernpilzen (siehe Seite 98) oder bereiten Sie ein köstliches Schmorgericht wie Sundubu Jjigae (siehe Seite 124) zu.

AUBERGINEN MIT JASMINREIS (SZECHUAN)

Vorbereitung: 5 Minuten
Garzeit: 30 Minuten

Für 2 Personen

1 TL Soße zu Gebratenem (siehe Seite 18)
1 EL Zucker
1 TL Pfeilwurzelmehl
3 Knoblauchzehen, gehackt
Szechuan-Pfefferkörner, grob gemahlen, nach Belieben
3 Frühlingszwiebeln, gehackt
2 EL Erdnussöl
2 kleine Auberginen (300 g), schräg in 3 cm dicke Scheiben geschnitten
320 g gekochter Jasminreis (100 g Rohgewicht)

Zubereitung

Soße zu Gebratenem, Zucker, Pfeilwurzelmehl und 110 ml Wasser verrühren und zur Seite stellen. Knoblauch, Szechuan-Pfeffer und 2 Frühlingszwiebeln in Erdnussöl bei mittlerer bis starker Hitze 1 Minute anbraten. Die Auberginen hinzufügen und 5 Minuten braten. Die Soße zugießen und bei schwacher Hitze unter gelegentlichem Rühren 20 Minuten köcheln lassen. Jasminreis und Auberginen in 2 Servierschüsseln füllen und mit der restlichen Frühlingszwiebel garnieren.

PAK CHOI MIT TOFU (ASIEN)

Vorbereitung: 10 Minuten
Garzeit: 8–10 Minuten

Für 2 Personen

1 EL Soße zu Gebratenem (siehe Seite 18)
3 EL Hoisin-Soße
2 TL Sambal
250 g Tofu, in 2 ½ cm große Stücke geschnitten
2 EL Pflanzenöl
2 TL geriebener Ingwer
325 g Pak Choi, in Stücke geschnitten
frittierte Schalotten

Zubereitung

Die Soßen mit dem Sambal verrühren und zur Seite stellen. Den Tofu bei starker Hitze in Pflanzenöl 6–8 Minuten braten, bis er goldbraun und knusprig ist. Ingwer und Pak Choi zugeben und unter gelegentlichem Rühren etwa 2 Minuten mitbraten. Wenn der Pak Choi weich, aber noch grün ist, die Soßenmischung zugeben und gleichmäßig unterrühren. In 2 Servierschalen füllen und mit den frittierten Schalotten garnieren.

SPARGEL MIT INGWER (ASIEN)

Vorbereitung: 5 Minuten plus Marinierzeit: 2 Stunden
Garzeit: 5 Minuten

Für 2 Personen

2 Eier, hart gekocht und gepellt
60 ml Sojasoße
60 ml Sherryessig
4 Knoblauchzehen, gehackt
3 EL Ingwer, gehackt
1 TL Pflanzenöl
350 g Spargel, in 2 ½ cm lange Stücke geschnitten
1 TL Sesamöl
frischer Koriander

Zubereitung

Die ganzen Eier mit Sojasoße und Sherryessig in eine Schüssel geben. Mindestens 2 Stunden in den Kühlschrank stellen. Knoblauch und Ingwer in Pflanzenöl etwa 1 Minute anbraten. Den Spargel zugeben und mitbraten, bis er weich ist. Das Sesamöl unterrühren und abschmecken. Mit den marinierten Eiern und dem Koriander in 2 Servierschalen anrichten.

GEBRATENE GRÜNE BOHNEN (SZECHUAN)

Vorbereitung: 5 Minuten
Garzeit: 15 Minuten

Für 2 Personen

1 EL Soße zu Gebratenem (siehe Seite 18)
1 TL Sambal
1 TL Zucker
200 g grüne Bohnen, in 5–6 cm lange Stücke geschnitten
2 EL Pflanzenöl
1 EL Knoblauch, gehackt
1 EL Ingwer, gerieben
2 Frühlingszwiebeln, in Stücke geschnitten
340 g gekochter brauner Reis (150 g Rohgewicht)
Chiliflocken nach Belieben

Zubereitung

Soße, Sambal und Zucker verrühren und zur Seite stellen. Die grünen Bohnen in 1 EL Pflanzenöl bei starker Hitze braten, bis sie gebräunt sind. Zur Seite stellen. Knoblauch, Ingwer und Frühlingszwiebeln in 1 EL Pflanzenöl 2 Minuten braten. Die grünen Bohnen wieder in den Wok geben und alles 3–5 Minuten garen. Die Soßenmischung zugießen und gut unterrühren. Reis und Bohnen in 2 Servierschalen verteilen und nach Belieben mit Chiliflocken bestreuen.

SHIITAKE-PILZE MIT TOFU UND CHINALAUCH (JAPAN)

Vorbereitung: 5 Minuten
Garzeit: 10 Minuten

Für 2 Personen

35 g Shiitake-Pilze, in dünne Scheiben geschnitten
2 EL Pflanzenöl
100 g Chinalauch mit Blüten, gehackt
240 g Tofu, abgetropft und zerbröselt
4 EL japanische Soßenbasis (siehe Seite 24)
330 g gekochter Sushi-Reis (145 g Rohgewicht)
schmale Nori-Streifen nach Belieben

Zubereitung

Die Shiitake-Pilze 5 Minuten in Pflanzenöl braten. Sie sollen gar sein, aber noch Biss haben. Den Chinalauch zufügen und 3 Minuten mitbraten. Tofu und die japanische Soßenbasis zufügen und alles gleichmäßig durchwärmen. Mit dem Reis in 2 Servierschalen füllen und mit den Nori-Streifen anrichten.

ERBSENSPROSSEN MIT INGWER (CHINA)

Vorbereitung: 10 Minuten
Garzeit: 15 Minuten

Für 2 Personen

2 getrocknete rote Chilischoten
2 EL Traubenkernöl
1 EL geriebener Ingwer
3 Knoblauchzehen, gehackt
225 g Erbsensprossen, abgespült
1 TL Mirin
240 g Seidentofu, in große Stücke geschnitten
1 EL Sesamöl
Salz und Pfeffer nach Belieben

Zubereitung

Die roten Chilischoten bei mittlerer Hitze im Traubenkernöl anbraten. Ingwer und Knoblauch zugeben 1 Minute mitbraten. Die Erbsensprossen in 4 Portionen zugeben, zwischendurch häufig umrühren. Wenn die Sprossen weich sind, Mirin und Seidentofu unterrühren. Mit Sesamöl beträufeln, mit Salz und Pfeffer abschmecken und in 2 Schalen servieren.

BROKKOLI MIT MISO (JAPAN)

Vorbereitung: 10 Minuten
Garzeit: 15 Minuten

Für 2 Personen

2 EL japanische Soßenbasis (siehe Seite 24)
4 TL Misopaste
2 TL Reisessig
100 g gemischte Wildpilze
3 EL Pflanzenöl
1½ TL geriebener Ingwer
250 g chinesischer Brokkoli, in Röschen zerteilt
340 g gekochter Sushi-Reis (150 g Rohgewicht)

97

Zubereitung

Die Soßenbasis in einer Schüssel mit 1TL Misopaste verrühren und zur Seite stellen. In einer zweiten Schüssel die restliche Misopaste mit dem Reisessig verrühren und zur Seite stellen. Die Pilze in 2EL Pflanzenöl braten, bis sie knackig und goldbraun sind. Zur Seite stellen. Ingwer und Brokkoli im restlichen Pflanzenöl etwa 4 Minuten braten. Die Soßenmischung unterrühren und weitere 2 Minuten garen. Reis, Reisessig mit Miso, Pilzen und Brokkoli in 2 Servierschalen füllen.

ROTES CURRY MIT AUSTERNPILZEN (THAILAND)

Vorbereitung: 5 Minuten
Garzeit: 15 Minuten

Für 2 Personen

1 kleine rote Paprikaschote (80 g), in Streifen geschnitten
75 g gelbe Zwiebel, gewürfelt
1 Knoblauchzehe, gehackt
3 EL Kokosöl
125 g Austernpilze
150 g junge Kohlblätter ohne Stiel, in Stücke geschnitten
½ TL rote Currypaste
150 ml Kokos-Soßenbasis (siehe Seite 26)
Thai-Basilikum

Zubereitung

Paprikastreifen, Zwiebel und Knoblauch in 2 EL Kokosöl 4 Minuten anbraten. Zur Seite stellen. Die Austernpilze 5 Minuten braten. Den Kohl zugeben und zusammenfallen lassen. Zur Seite stellen. Das restliche Kokosöl und die rote Currypaste erhitzen und gründlich verrühren. Die Kokos-Soßenbasis zugeben, dann das Gemüse wieder in den Wok geben. Gut umrühren und durchwärmen lassen. In 2 Servierschalen füllen und mit Thai-Basilikumblättern garnieren.

BLATTGEMÜSE MIT PILZEN (THAILAND)

Vorbereitung: 10 Minuten
Garzeit: 20 Minuten

Für 2 Personen

2 Schalotten, gehackt
90 g Shimeji-Pilze (Buchenpilze), geputzt
2 EL Erdnussöl
2 Knoblauchzehen, gehackt
1 EL geriebener Ingwer
2 Vogelaugenchilis
250 g Blattgemüse (z. B. Mangold, Grünkohl, Blattkohl)
60 ml Kokos-Soßenbasis (siehe Seite 26)

Zubereitung

Schalotten und Pilze in 1EL Erdnussöl 4 Minuten braten. Zur Seite stellen. Knoblauch, Ingwer und 1½ Vogelaugenchilis in 1EL Öl 2 Minuten braten. Das Blattgemüse zugeben und mitgaren, bis es zusammenfällt. Die Kokossoße und 40 ml Wasser zufügen, die Temperatur reduzieren und das Gemüse 10 Minuten köcheln lassen, bis es weich wird. Die Pilze wieder hinzufügen und gut umrühren. Die restliche halbe Chili in Stücke schneiden und zum Garnieren verwenden.

PAPRIKA MIT TOFU UND TAMARINDE (THAILAND)

Vorbereitung: 10 Minuten
Garzeit: 15 Minuten

Für 2 Personen

100 ml Kokos-Soßenbasis (siehe Seite 26)
1 EL Tamarindenpaste
1 TL Pfeilwurzelmehl
300 g Tofu, abgespült, abgetrocknet und in Dreiecke geschnitten
3 EL Pflanzenöl
2 Knoblauchzehen, gehackt
280 g Paprikaschote, geviertelt
Körner von 1 Maiskolben
385 g Klebreis, im Dampf gegart (150 g Rohgewicht)

Zubereitung

Die Kokos-Soßenbasis mit 40 ml Wasser, der Tamarindenpaste und dem Pfeilwurzmehl verrühren. Den Tofu in 2 EL Pflanzenöl von jeder Seite 3 Minuten goldbraun braten. Zur Seite stellen. Den Knoblauch im restlichen Öl 1 Minute braten. Paprikaviertel und Maiskörner zufügen und mitgaren, bis sie weich sind. Die Kokossoße in den Wok gießen und köcheln lassen, bis sie eindickt. Den Tofu wieder hinzufügen und unterrühren. Mit dem Klebreis in 2 Servierschalen verteilen.

SOMMERKÜRBIS MIT TOFU (KOREA)

Vorbereitung: 5 Minuten
Garzeit: 15 Minuten

Für 2 Personen

½ kleine Zwiebel, gehackt
3 EL Pflanzenöl
2 Knoblauchzehen, gehackt
100 g Kimchi, in Stücke geschnitten (gekauft oder siehe Seite 36) plus 4 EL Einlegeflüssigkeit

280 g Sommerkürbis, in Stücke geschnitten
225 g Tofu, gewürfelt
1 EL Sesamöl
1 EL dunkle Sojasoße
Sesamkörner

Zubereitung

Die Zwiebel in 1EL Pflanzenöl glasig dünsten. Knoblauch, Kimchi und Kürbis hinzufügen und 4 Minuten braten. Zur Seite stellen. Den Tofu in dem restlichen Pflanzenöl 5 Minuten goldbraun und knusprig braten. Das Gemüse wieder in den Wok geben. Sesamöl, Einlegeflüssigkeit vom Kimchi und Sojasoße zugießen. Unter Rühren braten, bis alles gleichmäßig durchgewärmt ist. In 2 Servierschalen füllen und mit Sesam bestreuen.

BROKKOLI MIT PILZEN (CHINA)

Vorbereitung: 5 Minuten
Garzeit: 20 Minuten

Für 2 Personen

250 g gemischte Pilze
2 EL Pflanzenöl
1 EL geriebener Ingwer
3 Knoblauchzehen, fein gehackt
300 g Brokkoli, in Röschen zerteilt
2 EL Austernsoße
1 EL Soße zu Gebratenem (siehe Seite 18)
2 Frühlingszwiebeln, gehackt

Zubereitung

Die Pilze in 1EL Pflanzenöl 5 Minuten goldbraun braten. Zur Seite stellen. Ingwer und Knoblauch im restlichen Pflanzenöl 2 Minuten braten. Den Brokkoli zugeben und braten, bis er weich ist. Die Soßen in den Wok gießen und die Pilze wieder hinzufügen. Braten, bis alles gleichmäßig durchgewärmt ist. Auf 2 Servierschalen verteilen und mit den Frühlingszwiebeln garnieren.

ZUCKERSCHOTEN MIT EI (CHINA)

Vorbereitung: 20 Minuten
Garzeit: 5 Minuten

Für 2 Personen

2 Schalotten, gehackt
8 cm Ingwer, gehackt
2 EL Pflanzenöl
1 EL Sesamöl
280 g Zuckerschoten, halbiert
1 Handvoll Erbsensprossen
2 Eier, pochiert
Salz und Pfeffer nach Belieben

Zubereitung

Schalotten und Ingwer in Pflanzenöl bei starker Hitze 30 Sekunden braten. Sesamöl und Zuckerschoten hinzufügen und 3 Minuten lang unter Rühren mitbraten, bis sie weich sind. Mit den Erbsensprossen in 2 Servierschalen verteilen. Die pochierten Eier darauf anrichten und nach Geschmack mit Salz und Pfeffer würzen.

GRÜNE BOHNEN UND KARTOFFELN MIT MISO (JAPAN)

Vorbereitung: 10 Minuten
Garzeit: 16–20 Minuten

Für 2 Personen

60 ml helle Misopaste
60 ml Mirin
60 ml Honig
1 EL geriebener Ingwer
1 EL Sesamöl

400 g neue Kartoffeln, halbiert
175 g grüne Bohnen
2 EL Pflanzenöl
gerösteter Sesam

Zubereitung

Misopaste, Mirin, Honig, Ingwer und Sesamöl in einer kleinen Schüssel verrühren. Zur Seite stellen. Die Kartoffeln mit 120 ml Wasser bei mittlerer Hitze zum Kochen bringen, dann abdecken und 8–10 Minuten garen. Die grünen Bohnen bei starker Hitze 8–10 Minuten in Pflanzenöl anbraten. Die Miso-Mischung zufügen und umrühren. Mit den Kartoffeln in 2 Servierschalen verteilen und mit den gerösteten Sesamsamen garnieren.

KARTOFFELBÄLLCHEN (JAPAN)

Vorbereitung: 5 Minuten plus Kühlzeit: 1 Stunde
Garzeit: 18–25 Minuten

Für 2 Personen

700 g mehligkochende Kartoffeln, geschält und in 3 cm große Stücke geschnitten
350 ml Pflanzenöl plus 1 EL
2 Frühlingszwiebeln, gehackt
Salz und Pfeffer
50 g Mehl
2 Eier, verquirlt
75 g Panko (japanisches Paniermehl)
150 g Weißkohl, in sehr feine Streifen gehobelt
3 EL Reisessig
Tonkatsu-Soße

Zubereitung

Die Kartoffeln mit Wasser bedecken und zum Kochen bringen. Abgedeckt 15–20 Minuten köcheln lassen. Abgießen und mit 1 EL Pflanzenöl zerstampfen. Frühlingszwiebeln, Salz und Pfeffer zugeben und alles zu einer homogenen Masse verarbeiten. Erkalten lassen. Aus der Masse 8–10 ovale Bällchen formen und 1 Stunde kühl stellen. Die Bällchen nacheinander in Mehl, Eiern und Panko wälzen. 3–5 Minuten in 180 °C heißem Pflanzenöl goldbraun frittieren. Den Kohl würzen und mit Reisessig mischen. In Servierschalen füllen und die Bällchen darauf anrichten. Mit der Tonkatsu-Soße servieren.

EIER MIT CHINALAUCH (JAPAN)

Vorbereitung: 5 Minuten
Garzeit: 10 Minuten

Für 2 Personen

4 Eier, verquirlt
1 TL japanische Soßenbasis (siehe Seite 24)
60 g Chinalauch, in Stücke geschnitten
2 EL Distelöl
Salz und Pfeffer
330 g gegarter brauner Sushi-Reis (145 g Rohgewicht)

Zubereitung

Die Eier mit der Soße verrühren und zur Seite stellen. Den Chinalauch bei starker Hitze in 1EL Distelöl etwa 2 Minuten anbraten. Zur Eiermischung geben und umrühren. Das restliche Öl auf hoher Stufe erhitzen, bis es raucht. Die Eier-Lauch-Mischung hineingeben und unter Rühren garen. Mit Salz und Pfeffer würzen. Den Reis in 2 Servierschalen füllen und die Eier darauf anrichten.

TOFU MIT PFEFFER UND KNOBLAUCH (CHINA)

Vorbereitung: 15 Minuten
Garzeit: 10 Minuten

Für 2 Personen

400 g Tofu, in 4 cm große Würfel geschnitten
1 TL Pfeilwurzelmehl
60 ml Pflanzenöl
6 Knoblauchzehen, gehackt
2 EL geriebener Ingwer
4 Schalotten, gehackt
2 Jalapeños, in dünne Ringe geschnitten
2 EL Soße zu Gebratenem (siehe Seite 18)
2 EL Zucker
3 EL schwarzer Pfeffer, grob gemahlen

Zubereitung

Die Tofuwürfel mit dem Pfeilwurzelmehl bestreuen, überschüssiges Mehl abschütteln. Den Tofu in 30 ml Pflanzenöl 4 Minuten braten, bis er gleichmäßig goldbraun ist. Zur Seite stellen. Knoblauch, Ingwer, Schalotten und Jalapeños im restlichen Öl bei mittlerer bis hoher Hitze 2 Minuten braten. Die Soße mit dem Zucker und 125 ml Wasser verrühren und in den Wok gießen. Den Tofu wieder zugeben und garen, bis alles gleichmäßig durchgewärmt ist. Mit Pfeffer würzen und 1 Minute köcheln lassen. In 2 Servierschalen füllen.

GEBRATENE PILZE (KOREA)

Vorbereitung: 10 Minuten
Garzeit: 15 Minuten

Für 2 Personen

1 kleine rote Zwiebel, gehackt
300 g gemischte Pilze
2 EL Pflanzenöl
2 Knoblauchzehen, gehackt
1 TL geriebener Ingwer
165 g Kimchi, in mundgerechte Stücke geschnitten plus Einlegeflüssigkeit (gekauft oder siehe Seite 36)
1 EL Sojasoße
330 g gegarter, kalter Reis (140 g Rohgewicht)
1 EL Sesamöl
Nori-Streifen

Zubereitung

Zwiebel und Pilze in 1EL Pflanzenöl 5 Minuten lang braten. Zur Seite stellen. Knoblauch und Ingwer in dem restlichen Pflanzenöl 2 Minuten lang braten. Kimchi und Einlegeflüssigkeit sowie die Sojasoße einrühren und 3 Minuten köcheln lassen. Reis und Pilze zufügen und weitere 2 Minuten garen. Vom Herd nehmen und das Sesamöl einrühren. In 2 Servierschalen füllen und mit den Nori-Streifen garnieren.

SPINAT MIT SESAM (KOREA)

Vorbereitung: 10 Minuten
Garzeit: 15 Minuten

Für 2 Personen

225 g Spinat, gewaschen und in Stücke geschnitten
225 g Sojasprossen
2 Knoblauchzehen, gehackt
1 große Prise Zucker
Salz und Pfeffer
3 TL Sojasoße
1 EL Traubenkernöl
330 g gekochter Sushi-Reis (140 g Rohgewicht)
3 TL Sesamöl
Sesamkörner

121

Zubereitung

Spinat und Sojasprossen bei mittlerer Hitze in 60 ml Wasser blanchieren. Abtropfen lassen und zur Seite stellen. Spinat, Sojasprossen, Knoblauch, Zucker, Salz, Pfeffer und 2 TL Sojasoße im Traubenkernöl bei geringer Hitze braten. Reis, Sesamöl und restliche Sojasoße in einer Schüssel verrühren, dann in 2 Servierschalen verteilen. Den Spinat darauf anrichten und mit Sesam bestreuen.

TOFU MIT PAK CHOI (CHINA)

Vorbereitung: 15 Minuten
Garzeit: 10 Minuten

Für 2 Personen

350 g Tofu, abgespült, abgetupft und in 4 cm große Stücke geschnitten
2 EL Erdnussöl
4 Knoblauchzehen, gehackt
150 g Pak Choi, halbiert oder geviertelt (je nach Größe)
2 TL Soße zu Gebratenem (siehe Seite 18)
1 EL Austernsoße
1 TL Sesamöl
2 EL Reisessig
2 Frühlingszwiebeln, gehackt

123

Zubereitung

Die Tofustücke bei mittlerer bis hoher Hitze im Erdnussöl 4 Minuten goldbraun braten. Den Knoblauch zugeben und 1 Minute mitbraten. Den Pak Choi zufügen und weitere 2 Minuten braten. Die Soßen mit Sesamöl und Reisessig verrühren, in den Wok geben und köcheln lassen, bis alles gleichmäßig durchgewärmt ist. In 2 Servierschalen verteilen und mit den Frühlingszwiebeln garnieren.

SUNDUBU JJIGAE (KOREA)

Vorbereitung: 5 Minuten
Garzeit: 35 Minuten

Für 2 Personen

65 g Shiitake-Pilze, geputzt und in Stücke geschnitten
1 EL Sesamöl
2 Knoblauchzehen, gehackt
150 g Kimchi (gekauft oder siehe Seite 36)
Gochugaru nach Belieben
Nuoc-mam
325 g Seidentofu, gewürfelt
40 g Enoki-Pilze
1 Frühlingszwiebeln, schräg in Ringe geschnitten

Zubereitung

420 ml Wasser mit den Shiitake-Pilzen bei mittlerer bis hoher Hitze zum Kochen bringen, abdecken und 15 Minuten köcheln lassen. Die Brühe abgießen und zur Seite stellen. Sesamöl und Knoblauch zu den Shiitake-Pilzen geben. Bei starker Hitze 1 Minute braten. Kimchi und Gochugaru unterrühren und 5 Minuten unter gelegentlichem Rühren weiterbraten. Nuoc-mam, Tofuwürfel und die Shiitake-Pilzbrühe zufügen und 15 Minuten köcheln lassen. In 2 Servierschalen füllen, Enoki-Pilze und Frühlingszwiebeln zugeben.

PIKANTE AUBERGINEN (THAILAND)

Vorbereitung: 5 Minuten plus Wartezeit: 30 Minuten
Garzeit: 5 Minuten

Für 2 Personen

440 g kleine Auberginen, in 5 cm große Stücke geschnitten
3 EL Salz
1 EL rote Currypaste
3 EL Kokos-Soßenbasis (siehe Seite 26)
2 Knoblauchzehen, gehackt
1 TL gehackter Ingwer
2 EL Kokosöl
320 g gegarter Jasminreis (100 g Rohgewicht)
frische Korianderblätter

Zubereitung

Die Auberginen salzen und 30 Minuten auf Küchenpapier legen. Abspülen und vorsichtig abtrocknen. Currypaste, Kokossoße und 60 ml Wasser verrühren und zur Seite stellen. Knoblauch und Ingwer bei mittlerer Hitze im Kokosöl 1 Minute anbraten. Die Auberginen zufügen und gleichmäßig rundherum braten. Die Curry-Kokos-Mischung zugießen und alles abgedeckt 3–5 Minuten unter häufigem Rühren köcheln lassen. Den Jasminreis und die Auberginen auf 2 Schüsseln verteilen und mit einigen Korianderblättern garnieren.

GEBRATENES GEMÜSE (THAILAND)

Vorbereitung: 10 Minuten
Garzeit: 15 Minuten

Für 2 Personen

2 getrocknete rote Chilischoten (oder 2 TL rotes Chilipulver)
2 Knoblauchzehen, gehackt
2 EL Pflanzenöl
150 g Brokkoli, in Röschen zerteilt
150 g Blumenkohl, in Röschen zerteilt
1 kleine rote Paprikaschote, in Streifen geschnitten
160 ml Kokos-Soßenbasis (siehe Seite 26)
Salz und Pfeffer nach Belieben
frisches Thai-Basilikum
45 g Cashewkerne, grob gehackt

Zubereitung

Chilischoten und Knoblauch in Pflanzenöl etwa 1 Minute braten. Brokkoli und Blumenkohl hinzufügen, würzen und 5 Minuten braten. Die rote Paprika zugeben und weiterbraten, bis das Gemüse gar, aber noch bissfest ist. Die Kokossoße unterrühren. Mit Salz und Pfeffer abschmecken. In 2 Servierschalen füllen und mit Thai-Basilikum und gerösteten Cashewkernen garnieren.

Fleisch und Geflügel

Weil der Wok so vielseitig ist, können Sie Fleisch und Geflügel in ihm braten, schmoren oder frittieren. Welche Methode Sie auch wählen: Das Ergebnis wird immer köstlich ausfallen.

BISTEK TAGALOG (PHILIPPINEN)

Vorbereitung: 10 Minuten plus Marinierzeit: über Nacht
Garzeit: 15 Minuten

132

Für 2 Personen

480 g Flanksteak, in große Würfel geschnitten
4 EL Sojasoße
3 Knoblauchzehen, gehackt
3 EL Limettensaft
1 EL weißer Essig
1 große Zwiebel, in Ringe geschnitten
2 EL Pflanzenöl
Salz und Pfeffer
320 g gekochter Jasminreis (100 g Rohgewicht)

Zubereitung

Das Fleisch mit Sojasoße, Knoblauch, Limettensaft und Essig mischen, abdecken und über Nacht zum Marinieren an einen kühlen Platz stellen. Die Zwiebel bei mittlerer bis hoher Hitze in Pflanzenöl glasig dünsten. Auf starke Hitze umschalten. Das Fleisch mit der Marinade zugeben und braten, bis der gewünschte Gargrad erreicht ist. Vom Herd nehmen und mit Salz und Pfeffer würzen. Mit dem Jasminreis in 2 Servierschalen verteilen.

RIPPCHEN VOM RIND (CHINA)

Vorbereitung: 10 Minuten plus Marinierzeit: 3 Stunden oder über Nacht
Garzeit: 35–50 Minuten

Für 2 Personen

800 g Rippchen vom Rind mit Knochen
60 ml Hoisin-Soße
1 EL Sojasoße
2 EL trockener Sherry oder Shaoxing-Wein
2 EL Honig
1 EL Fünf-Gewürze-Mischung
½ TL Knoblauchpulver
½ TL weißer Pfeffer, gemahlen
Salz
2 EL Erdnussöl

Zubereitung

Die Rippen mit den Soßen sowie Sherry, Honig, Fünf-Gewürze-Mischung, Knoblauchpulver, Pfeffer und Salz mischen. An einem kühlen Ort mindestens 3 Stunden oder über Nacht marinieren lassen. Am nächsten Tag die überschüssige Marinade abgießen und zur Seite stellen. Das Fleisch in heißem Erdnussöl von jeder Seite 2 Minuten braten. Die Hitze herunterschalten, dann die Marinade und 200 ml Wasser zugießen. Abgedeckt 30–45 Minuten schmoren, bis das Fleisch mürbe ist. In 2 Servierschalen verteilen.

SCHWEINEFLEISCH MIT FÜNF GEWÜRZEN (CHINA)

Vorbereitung: 10 Minuten plus Marinierzeit: 30 Minuten
Garzeit: 6 Minuten

Für 2 Personen

450 g Schweineschulter, gewürfelt
2 EL brauner Zucker
1 EL Fünf-Gewürze-Mischung
Salz und Pfeffer
2 EL Erdnussöl
6–8 Kopfsalatblätter
2 Frühlingszwiebeln, in dünne Ringe geschnitten
1 kleine Gurke, in Scheiben geschnitten
1 Nashi (asiatische Birne), entkernt und in Streifen geschnitten
3 EL Hoisin-Soße

Zubereitung

Schweinefleisch, Zucker, Fünf-Gewürze-Mischung, Salz und Pfeffer mischen und zum Marinieren 30 Minuten an einen kühlen Ort stellen. Das marinierte Fleisch bei starker Hitze in Erdnussöl 6 Minuten braten, bis es weich ist. Mit dem Kopfsalat auf 2 Tellern anrichten. Frühlingszwiebeln, Gurke und Nashi darauf verteilen. Die Hoisin-Soße separat dazu servieren.

RINDFLEISCH LÔC LAC (VIETNAM)

Vorbereitung: 5 Minuten plus Marinierzeit: 1 Stunde
Garzeit: 10 Minuten

Für 2 Personen

2 TL Soße zu Gebratenem (siehe Seite 18)
2 TL Nuoc-mam
1 EL Austernsoße
5 Knoblauchzehen, gehackt
2 EL Zucker
½ kleine rote Zwiebel, gehackt
2 EL Rapsöl
425 g Rinderfilet, in 2 ½ cm große Würfel geschnitten
60 g Kresse

Zubereitung

Die Soßen mit Knoblauch und Zucker verrühren. Das Fleisch zugeben, mischen und zum Marinieren 1 Stunde an einen kühlen Ort stellen. Die Zwiebel bei starker Hitze in 1 EL Rapsöl glasig dünsten. Zur Seite stellen. Das Filet in mehreren Portionen im restlichen Rapsöl anbraten und dabei kräftig rühren, damit es gleichmäßig gart. Die Zwiebel wieder hinzufügen und alles weitere 2 Minuten braten. Mit der Kresse in 2 Servierschalen verteilen.

GESCHMORTER SCHWEINEBAUCH (VIETNAM)

Vorbereitung: 10 Minuten
Garzeit: 1 Stunde

Für 2 Personen

225 ml Kokoswasser
2 EL Nuoc-mam
2 EL Sojasoße
4 Knoblauchzehen, gehackt
450 g Schweinebauch, in 4 cm große Stücke geschnitten

Salz und Pfeffer
170 g Zucker
2 Eier, hart gekocht und gepellt
marinierter Kai Choi (siehe Seite 32)

Zubereitung

Das Kokoswasser mit den Soßen und dem Knoblauch verrühren. Das Fleisch mit Salz und Pfeffer würzen. Den Zucker bei starker Hitze unter ständigem Rühren karamellisieren lassen. Das Fleisch zugeben und zügig in der Mischung wenden. Zur Seite stellen. Die Kokoswasser-Mischung in den Wok geben und zum Köcheln bringen. Die Eier hineinlegen und abgedeckt 1 Stunde köcheln lassen. Mit dem marinierten Kai Choi in 2 Servierschüsseln verteilen.

SCHWEINEFLEISCH MIT GRÜNEN BOHNEN (SZECHUAN)

Vorbereitung: 5 Minuten
Garzeit: 20 Minuten

Für 2 Personen

100 g grüne oder Strumpfbandbohnen, halbiert
2 EL Pflanzenöl
150 g Schweinehackfleisch
2 TL Knoblauch, zerdrückt
2 TL gehackter Ingwer
2 TL Szechuan-Pfeffer, geröstet und grob zerstoßen
1 EL Soße zu Gebratenem (siehe Seite 18)
1 TL Zucker
320 g gekochter Jasminreis (100 g Rohgewicht)

Zubereitung

Den Wok auf hoher Stufe erhitzen, bis er zu rauchen beginnt. Die Bohnen 2 Minuten scharf im Pflanzenöl anbraten. Die Hitze reduzieren und die Bohnen garen, bis sie weich und leicht karamellisiert sind. Zur Seite stellen. Das Fleisch bei mittlerer bis hoher Hitze 3–5 Minuten braten. Knoblauch, Ingwer und Pfeffer zugeben und 2 Minuten mitgaren. Die Bohnen wieder in den Wok geben. Soße und Zucker hinzufügen und gut durchwärmen. Den Jasminreis in 2 Servierschalen verteilen, Fleisch und Bohnen darauf anrichten.

PAD GRA PROW (THAILAND)

Vorbereitung: 5 Minuten
Garzeit: 15 Minuten

Für 2 Personen

3 Knoblauchzehen, gehackt
½ Schalotte, gehackt
2 EL Pflanzenöl
285 g Rinderhackfleisch
115 g grüne Bohnen, in 3 cm lange Stücke geschnitten
50 g Thai-Basilikum (nur Blätter) plus 1 EL
1 EL Soße zu Gebratenem (siehe Seite 18)
1 EL Nuoc-mam

145

Zubereitung

Knoblauch und Schalotte 1 Minute in Pflanzenöl anbraten. Das Rinderhackfleisch zufügen und 3–5 Minuten braten. Zur Seite stellen. Die Bohnen mit dem Tha-Basilikum 5 Minuten braten. Das Fleisch wieder zugeben. Die Soßen hinzufügen und alles gleichmäßig verrühren. In 2 Servierschalen verteilen und mit dem restlichen Thai-Basilikum garnieren.

HÄHNCHEN KUNG PAO (CHINA)

Vorbereitung: 10 Minuten plus Marinierzeit: 1 Stunde
Garzeit: 10 Minuten

Für 2 Personen

1 EL Soße zu Gebratenem (siehe Seite 18)
1 große Prise weißer Pfeffer
450 g Hähnchenbrustfilet, in Stücke geschnitten
1 EL Pfeilwurzelmehl
3 getrocknete rote Chilischoten
3 EL Pflanzenöl
1 TL Ingwer, gehackt
2 Knoblauchzehen, gehackt
75 g grüne Paprikaschote, in Streifen geschnitten
60 g Cashewkerne, grob gehackt

Zubereitung

Die Soße mit 30 ml Wasser und dem weißen Pfeffer verrühren. Das Fleisch mit Pfeilwurzelmehl bestreuen und in der Soßenmischung wälzen. Mindestens 1 Stunde an einem kühlen Ort marinieren. Die Chilischoten in der Hälfte des Pflanzenöls bei starker Hitze 1 Minute anbraten. Ingwer, Knoblauch und Paprika zugeben und 2 Minuten braten. Zur Seite stellen. Das Fleisch im restlichen Öl 5 Minuten braten. Das Gemüse wieder zugeben und weitere 2 Minuten braten. In 2 Servierschalen verteilen und mit den Cashewkernen garnieren.

PRIK KHING (THAILAND)

Vorbereitung: 10 Minuten
Garzeit: 15 Minuten

Für 2 Personen

4 Knoblauchzehen, gehackt
3 EL Traubenkernöl
2 TL rote Currypaste
450 g Hähnchenbrustfilet,
in schmale Streifen geschnitten
1 TL Nuoc-mam
½ TL Zucker
225 g grüne Bohnen,
in 4 cm lange Stücke geschnitten
3–4 Kaffir-Limettenblätter, fein gehackt
marinierte Vogelaugenchilis (siehe Seite 34)
nach Belieben)

Zubereitung

Den Knoblauch bei mittlerer Hitze im Traubenkernöl 1 Minute braten. Die rote Currypaste zufügen. Auf starke Hitze umschalten, das Fleisch zufügen und 5 Minuten rundherum gleichmäßig bräunen. Soße und Zucker hinzufügen, umrühren und köcheln lassen, bis das Fleisch durchgegart ist. Grünen Bohne und Kaffir-Limettenblätter einrühren und weitere 3 Minuten garen. Auf 2 Teller verteilen und mit den marinierten Vogelaugenchilis bestreuen.

HÄHNCHEN MIT ZITRONENGRAS (VIETNAM)

Vorbereitung: 10 Minuten
Garzeit: 15 Minuten

Für 2 Personen

450 g Hähnchenbrustfilet, in 2 ½ cm breite Streifen geschnitten
3 EL Pflanzenöl
300 g Brokkoli, in Röschen zerteilt
1 Jalapeño, in Ringe geschnitten
2 Knoblauchzehen, gehackt
1 EL Korianderkörner, geröstet und grob zerstoßen
50 g Zitronengras, gehackt
2 EL Nuoc-cham (siehe Seite 22)
10 g Stängel frischer Koriander

Zubereitung

Das Fleisch bei starker Hitze im Pflanzenöl 5–8 Minuten braten, bis es leicht und gleichmäßig gebräunt ist. Die Hitze etwas herunterschalten. Den Brokkoli zugeben und 2 Minuten mitbraten. Jalapeño, Knoblauch, Koriandersamen und Zitronengras zugeben und weitere 5 Minuten garen. Bei Bedarf etwas Wasser zufügen. Die Nuoc-cham-Soße zufügen und unter Rühren 1 Minute durchwärmen. Mit frischem Koriander garnieren und servieren.

KARAAGE UND MARINIERTER KAI CHOI (JAPAN)

Vorbereitung: 15 Minuten plus Marinierzeit:
1 Stunde oder über Nacht
Garzeit: 15 Minuten

Für 2 Personen

120 g marinierter Kai Choi
15 ml gewürzter Reisessig
340 g Hähnchenoberkeulen ohne Knochen, in 3 cm große Stücke geschnitten
1 EL geriebener Ingwer
2 Knoblauchzehen, gehackt
3 EL japanische Soßenbasis (siehe Seite 24)
1 TL Zucker
235 ml Erdnussöl
80 g Reismehl
1 Zitrone, geviertelt

Zubereitung

Den marinierten Kai Choi in einer kleinen Schüssel mit dem Reisessig mischen. Abschmecken. In einer anderen Schüssel das Fleisch mit Ingwer, Knoblauch, japanischer Soßenbasis und Zucker mindestens 1 Stunde oder über Nacht marinieren. Das Erdnussöl bei mittlerer Hitze auf 180 °C erhitzen. Das Fleisch mit dem Reismehl bestreuen. Jeweils 4 Hähnchenstücke 5–10 Minuten frittieren, abtropfen lassen und mit den Zitronenschnitzen auf 2 Tellern anrichten.

BRATNUDELN MIT SCHWEINEFLEISCH (SHANGHAI)

Vorbereitung: 15 Minuten
Garzeit: 15 Minuten

Für 2 Personen

2 Bund Frühlingszwiebeln, in 5 cm lange Stücke geschnitten
5 EL Erdnussöl
1 EL Soße zu Gebratenem (siehe Seite 18)
2 TL Zucker
325 g Schweinefilet, in 3 cm große Stücke geschnitten
400 g gekochte frische Weizennudeln (250 g Rohgewicht)
2 TL Sesamöl
kleine Koriandersprossen

155

Zubereitung

Die Frühlingszwiebeln bei mittlerer Hitze in 1 EL Erdnussöl 2 Minuten braten. Soße und Zucker zufügen und 5 Minuten köcheln lassen, bis die Soße eindickt. Zur Seite stellen. Das Schweinefleisch in dem restlichen Erdnussöl 5 Minuten braten. Die Weizennudeln zufügen und umrühren. Vom Herd nehmen und die gebratenen Frühlingszwiebeln, das Sesamöl und die Soße unterrühren. In 2 Servierschalen füllen und mit den Koriandersprossen garnieren.

PIKANTES HÄHNCHEN (KOREA)

Vorbereitung: 10 Minuten plus Kühlzeit: mindestens 1 Stunde
Garzeit: 20 Minuten

Für 2 Personen

400 g Hähnchenoberkeulen ohne Haut und Knochen, in 5 cm große Stücke geschnitten
100 ml süß-scharfe Soße (siehe Seite 28)
1 TL geriebener Ingwer
125 g Süßkartoffeln, in Stücke geschnitten
2 EL Pflanzenöl
150 g Weißkohl, in Streifen geschnitten
2 Frühlingszwiebeln, in 5 cm lange Stücke geschnitten
Nori-Streifen

Zubereitung

Das Fleisch mit der süß-scharfen Soße und dem Ingwer mischen. Mindestens 1 Stunde zum Marinieren an einen kühlen Ort stellen. Die Süßkartoffeln in 80 ml Wasser 5 Minuten kochen, dann abgießen und abtropfen lassen. Die Süßkartoffeln bei mittlerer Hitze in Pflanzenöl goldbraun und knusprig braten. Zur Seite stellen. Kohl und Hähnchenfleisch 5–8 Minuten braten. Die Frühlingszwiebeln hinzugeben und 1 Minute mitbraten. Die Süßkartoffeln unterrühren. In 2 Servierschalen füllen und mit den Nori-Streifen garnieren.

HÄHNCHEN ADOBO (PHILIPPINEN)

Vorbereitung: 15 Minuten plus Marinierzeit: 8 Stunden
Garzeit: 30–45 Minuten

Für 2 Personen

2 Hähnchenober- und -unterkeulen (ca. 700 g)
5 Knoblauchzehen, gehackt
225 ml Tomaten aus der Dose mit Saft, zerdrückt
2 EL Sojasoße
175 ml Palmessig (ersatzweise weißer oder Apfelessig)
1 Lorbeerblatt
2 TL schwarzer Pfeffer aus der Mühle
½ gelbe Zwiebel, gehackt
3 EL Olivenöl
Salz und Pfeffer nach Belieben

Zubereitung

Das Fleisch mit Knoblauch, Tomaten und ihrem Saft, Sojasoße, Essig, Lorbeerblatt und schwarzem Pfeffer mischen und zum Marinieren über Nacht an einen kühlen Ort stellen. Die Zwiebel bei mittlerer Hitze im Olivenöl glasig dünsten, das Fleisch samt Marinade zufügen und abgedeckt 30–45 Minuten schmoren. In 2 Servierschalen füllen und bei Bedarf mit Salz und Pfeffer nachwürzen.

ENTE NACH PEKING-ART (CHINA)

Vorbereitung: 5 Minuten plus Marinierzeit: 1 Stunde oder über Nacht
Garzeit: 5–8 Minuten

Für 2 Personen

1 TL Soße zu Gebratenem (siehe Seite 18)
2 EL Hoisin-Soße plus 1 kleines Schälchen
2 Knoblauchzehen, gehackt
½ TL weißer Essig
2 Entenbrüste (450 g) in 1½ cm breite Streifen geschnitten
1 EL Pflanzenöl
2 Frühlingszwiebeln, in Streifen geschnitten
2 Gurken (150 g), in lange Bänder geschnitten

Zubereitung

Die Soßen mit Knoblauch und weißem Essig verrühren. Die Ente auf der Hautseite scharf anbraten, dann in die Soßenmischung legen und 1 Stunde oder über Nacht an einem kühlen Ort marinieren. Die Ente in heißem Öl 5–8 Minuten braten. Mit Frühlingszwiebeln und Gurken auf 2 Tellern anrichten. Das Schälchen Hoisin-Soße separat dazu servieren.

THAI-BRATHÄHNCHEN (THAILAND)

Vorbereitung: 5 Minuten plus Marinierzeit: über Nacht
Garzeit: 10–20 Minuten

Für 2 Personen

3 Knoblauchzehen, grob gehackt
2 TL weiße Pfefferkörner
1 TL Koriandersamen
1 EL gehackter Koriander
600 g Hähnchenfleisch ohne Knochen (Brust und Keule)
1 EL Austernsoße
1 TL Zucker
1½ TL Salz
200 g Reismehl
220 ml Mineralwasser mit Kohlensäure
235 ml Pflanzenöl

Zubereitung

Knoblauch, Pfefferkörner, Koriandersamen und gehackten Koriander im Mörser zu einer Paste verarbeiten. Diese Paste mit Fleisch, Austernsoße, Zucker und 1 TL Salz mischen. Über Nacht an einem kühlen Ort marinieren. 75 g Reismehl mit dem Mineralwasser und dem restlichen Salz verrühren. Jedes Hähnchenstück in der Mischung wälzen, dann im restlichen Reismehl wenden. Überschüssiges Reismehl abschütteln. Die Hähnchenstücke auf ein Backblech legen und trocknen lassen. Das Öl auf 180 °C erhitzen und die Hähnchenstücke darin 10–15 Minuten frittieren. Abtropfen lassen und auf 2 Teller verteilen.

Fisch und Meeresfrüchte

Die beliebtesten gebratenen Meeresfrüchte sind zweifellos Garnelen. Aber auch ein ganzer gedämpfter Fisch oder gebratene Jakobsmuscheln lassen sich leicht in einem Wok zubereiten. Sie werden von seiner Vielseitigkeit immer wieder aufs Neue verblüfft sein.

GARNELEN MIT ZUCKERSCHOTEN (THAILAND)

Vorbereitung: 15 Minuten
Garzeit: 15 Minuten

Für 2 Personen

½ Schalotte, gehackt
1 EL gehackter Ingwer
2 EL Kokosöl
330 g rohe Garnelen mit Schwanz, küchenfertig
125 g Zuckerschoten, halbiert
150 ml Kokos-Soßenbasis (siehe Seite 26)
1 EL Nuoc-mam
3 EL frisch geriebene oder 1 EL gemahlene Kurkuma
frischer Koriander

167

Zubereitung

Schalotte und Ingwer in 1EL Kokosöl 2 Minuten braten. Die Garnelen zugeben und 3–5 Minuten mitbraten. Zur Seite stellen. Das restliche Kokosöl in den Wok geben und die Zuckerschoten 2 Minuten braten. Die Garnelen wieder in den Wok geben und die Soßen hinzufügen. Kurkuma hinzufügen und weitere 2 Minuten garen. In 2 Servierschalen verteilen und mit Koriander garnieren.

GEBACKENER FISCH (THAILAND)

Vorbereitung: 15 Minuten
Garzeit: 15 Minuten

Für 2 Personen

125 g grüne Papaya, geraspelt
120 g Kirschtomaten, halbiert
80 ml Nuoc-cham (siehe Seite 22)
1 Seebarsch oder Schnapper (400 g), jede Seite dreimal eingeschnitten
50 g Kartoffelstärke
Salz und Pfeffer
175 ml Rapsöl
2 TL gehackter Ingwer
2 rote Vogelaugenchilis, in Ringe geschnitten
frische Korianderblätter

Zubereitung

Papaya, Kirschtomaten und 40 ml Nuoc-cham verrühren. Den Fisch mit der Kartoffelstärke bestreuen, mit Salz und Pfeffer würzen. Das Rapsöl auf 180 °C erhitzen und den Fisch darin von jeder Seite 5 Minuten frittieren. Auf ein mit Küchenpapier ausgelegtes Backblech legen. Ingwer und Vogelaugenchili 1 Minute lang braten, dann zur Seite stellen. Die grüne Papaya in eine Schüssel geben und den Fisch darauf legen. Mit Koriander, gebratenem Ingwer und Chili garnieren. Mit 40 ml Nuoc-Cham-Soße beträufeln.

PIKANTER TINTENFISCH (KOREA)

Vorbereitung: 5 Minuten
Garzeit: 20 Minuten

Für 2 Personen

80 ml süß-scharfe Soße (siehe Seite 28)
1 TL Ingwer, gerieben
1 Karotte, in Scheiben geschnitten
1 Zucchini, in halbe Scheiben geschnitten
½ kleine Zwiebel (60 g), gehackt
2 Frühlingszwiebeln, 4 cm lange Streifen geschnitten
3 EL Pflanzenöl
400 g Tintenfisch, in Ringe geschnitten
1 EL Sesamöl
Salz und Pfeffer nach Belieben

Zubereitung

Süß-scharfe Soße und Ingwer in einer kleinen Schüssel verrühren. Zur Seite stellen. Karotten, Zucchini, Zwiebel und Frühlingszwiebeln 5–8 Minuten in Pflanzenöl anbraten. Zur Seite stellen. Den Tintenfisch 3 Minuten braten, bis er halb durchsichtig ist. Die Ingwersoße hinzufügen und unter ständigem Rühren köcheln lassen, bis der Tintenfisch gar ist. Das Gemüse zugeben und vorsichtig unterrühren. Vom Herd nehmen und das Sesamöl einrühren. Mit Salz und Pfeffer würzen und auf 2 Servierschalen verteilen.

GARNELEN-PFANNKUCHEN (VIETNAM)

Vorbereitung: 10 Minuten
Garzeit: 5–10 Minuten

Für 2 Personen

140 g Reismehl
½ TL gemahlene Kurkuma
½ TL Salz
175 ml Kokosmilch
2 Frühlingszwiebeln, in 3 cm lange Streifen geschnitten
250 g küchenfertige Garnelen, der Länge nach halbiert
3 EL Pflanzenöl
Salz und Pfeffer
80 g Sojasprossen
40 g gelbe Zwiebeln, gehackt
4 Blätter roter Bataviasalat, in Stücke gerissen
60 ml Nuoc-cham (siehe Seite 22)

Zubereitung

Für den Pfannkuchenteig Reismehl, Kurkuma, Salz, 175 ml Wasser, Kokosmilch und Frühlingszwiebeln verrühren. Die Garnelen 3–5 Minuten in 1 EL Pflanzenöl braten, bis sie rosa und undurchsichtig sind. Mit Salz und Pfeffer würzen und zur Seite stellen. 2 EL Pflanzenöl auf mittlerer Stufe erhitzen und die Pfannkuchen darin jeweils 1 Minute backen. Mit Garnelen, Sojasprossen und Zwiebeln belegen, dann zusammenklappen und auf 2 Tellern anrichten. Mit Salatblättern und der Nuoc-Cham-Soße servieren.

GEDÄMPFTER FISCH (CHINA)

Vorbereitung: 15 Minuten
Garzeit: 15 Minuten

Für 2 Personen

2 EL Sojasoße
1 EL Reisessig
1 rote Vogelaugenchili, in Stücke geschnitten
1 ganzer Fisch, z. B. Schnapper (400–500 g, küchenfertig)
Salz und Pfeffer

40 g Ingwer, geschält und in Streifen geschnitten
2 Frühlingszwiebeln (weißer und hellgrüner Teil, in dünne Ringe geschnitten
130 ml Szechuan-Öl (siehe Seite 30)

Zubereitung

Sojasoße, Reisessig und Vogelaugenchili verrühren. Den Fisch mit Salz und Pfeffer würzen und mit 20 g Ingwer füllen. Den restlichen Ingwer auf dem Fisch verteilen. 120 ml Wasser in den Wok gießen. Den Fisch auf einen Teller legen. Einen Dampfkorb in den Wok stellen und den Teller mit dem Fisch hineinsetzen. Das Wasser bei mittlerer bis starker Hitze zum Kochen bringen. Den Deckel auflegen und den Fisch 10 Minuten garen. Den Fisch auf einer Platte anrichten und mit Frühlingszwiebeln garnieren. Das Szechuan-Öl erhitzen und zusammen mit der Sojasoßenmischung auf den Fisch träufeln.

FISCH MIT KURKUMA UND DILL (VIETNAM)

Vorbereitung: 10 Minuten plus Kühlzeit: 2 Stunden
Garzeit: 5–8 Minuten

Für 2 Personen

2 Stücke weißes Fischfilet (z. B. Dorsch) à 75 g
2 EL Nuoc-mam
½ TL gemahlene Kurkuma
2 Knoblauchzehen, gehackt
3 cm Ingwer, geschält und gehackt
20 g Dill plus 1 TL
2 EL Traubenkernöl
200 g gekochte Glasnudeln (85 g Rohgewicht)
10 g gemischte Kräuter (z. B. Minze, Thai-Basilikum, Frühlingszwiebeln)
Salz und Pfeffer
4 EL Nuoc-cham (siehe Seite 22)

177

Zubereitung

Den Fisch würzen und mit Nuoc-mam, Kurkuma, Knoblauch, Ingwer und 10 g Dill mischen. 2 Stunden an einem kühlen Ort marinieren. Die überschüssige Marinade abgießen und den Fisch vorsichtig abtrocknen. Den Fisch bei starker Hitze im Traubenkernöl von jeder Seite 4–5 Minuten braten. 10 g Dill unterrühren und weitere 3 Minuten braten. Die Glasnudeln in 2 Servierschalen verteilen, den Fisch darauf anrichten und mit 1 TL Dill und den Kräutern garnieren. Mit der Nuoc-Cham-Soße servieren.

LACHSSALAT (THAILAND)

Vorbereitung: 25 Minuten
Garzeit: 5 Minuten

Für 2 Personen

2 EL Traubenkernöl
2 Lachsfilets (350 g), ohne Haut, in 1½ cm große Stücke geschnitten
Salz und Pfeffer
2 Äpfel, z. B. Granny Smith, entkernt und, in dünne Stifte geschnitten
65 g rote Paprikaschote, in Streifen geschnitten
½ kleine rote Zwiebel, gehackt
20 g frischer Koriander, grob gehackt
1 EL geröstete Erdnüsse, zerdrückt plus 1 TL
60 ml Nuoc-cham (siehe Seite 22)
Thai-Basilikum, grob gehackt

Zubereitung

Das Traubenkernöl erhitzen, bis es raucht. Den Lachs mit Salz und Pfeffer würzen und von jeder Seite 3 Minuten braten, bis er hellrosa und undurchsichtig ist. Äpfel, Paprika, rote Zwiebel, Koriander, 1 EL geröstete Erdnüsse und das Thai-Basilikum mischen und mit dem Lachs in 2 Servierschalen verteilen. Mit 1 TL gerösteten Erdnüssen bestreuen und mit der Nuoc-cham-Soße beträufeln.

TINTENFISCH IN WÜRZIGER SOSSE (THAILAND)

Vorbereitung: 10 Minuten
Garzeit: 15–20 Minuten

Für 2 Personen

365 g Tintenfisch, in mundgerechte Stücke geschnitten
100 g Kartoffelstärke
Salz und Pfeffer
175 ml Pflanzenöl
2 Gurken, in Scheiben geschnitten
½ rote Zwiebel, gehackt
30 ml Nuoc-cham (siehe Seite 22)
15 g Minze, gehackt
15 g Koriander, gehackt
60 ml milde Chilisoße

181

Zubereitung

Den Tintenfisch in der Kartoffelstärke wälzen, salzen und pfeffern. In einer Schicht auf ein Backblech legen. Das Pflanzenöl auf 180 °C erhitzen und den Tintenfisch darin in 4 Portionen 3–5 Minuten frittieren. Auf Küchenpapier abtropfen lassen. Gurke, Zwiebel, Nuoc-cham, Minze und Koriander mischen. Mit den gebratenen Tintenfischen auf 2 Tellern anrichten. Die Chilisoße separat dazu servieren.

JAKOBSMUSCHELN MIT ZITRONENGRAS (VIETNAM)

Vorbereitung: 10 Minuten
Garzeit: 10 Minuten

Für 2 Personen

350 g Jakobsmuscheln
2 EL Pflanzenöl
25 g Zitronengras, in dünne Ringe geschnitten
3 Knoblauchzehen, gehackt
1 Schalotte, gehackt
1 rote Chilischote, gehackt
2 TL Soße zu Gebratenem (siehe Seite 18)
1 EL Nuoc-mam
90 g gemischter Blattsalat
1 Limette, geviertelt

Zubereitung

Die Jakobsmuscheln 3–5 Minuten in 1 EL Pflanzenöl gleichmäßig goldbraun braten. Zur Seite stellen. Zitronengras, Knoblauch, Schalotte und rote Chilischote in 1 EL Pflanzenöl 1 Minute braten. Die Jakobsmuscheln wieder in den Wok legen, die Soßen zufügen und alles 3 Minuten garen. Salatblätter, Jakobsmuscheln und Limettenviertel in 2 Servierschalen anrichten.

GARNELEN MIT WALNÜSSEN UND HONIG (CHINA)

Vorbereitung: 15 Minuten
Garzeit: 10 Minuten

Für 2 Personen

3 EL Mayonnaise
1 EL Honig
1 EL gesüßte Kondensmilch
1 TL Zitronensaft
330 g rohe Garnelen mit Schwanz, küchenfertig
Salz und Pfeffer
1 Eigelb, verquirlt
80 g Tempura-Mehl
175 ml Distelöl
60 g Walnusskerne, halbiert

Zubereitung

Mayonnaise, Honig, Kondensmilch und Zitronensaft in einer kleinen Schüssel verrühren. Die Garnelen salzen und pfeffern, dann in verquirltem Eigelb und Tempura-Mehl wenden. Zur Seite stellen. Das Distelöl auf 180 °C erhitzen und die Garnelen darin 3 Minuten frittieren. Auf einem mit Küchenpapier ausgelegtem Backblech abtropfen lassen. Die Garnelen mit der Mayonnaise mischen und mit den Walnusskernen garnieren.

MIESMUSCHELN MIT SAFRAN (THAILAND)

Vorbereitung: 10 Minuten
Garzeit: 15 Minuten

Für 2 Personen

2 Schalotten, gehackt
1 EL Kokosöl
1 rote Chilischote, gehackt
120 ml Kokos-Soßenbasis (siehe Seite 26)
2 Stängel Zitronengras, in dünne Ringe geschnitten
1 große Prise Safranfäden
450 g rohe Miesmuscheln, küchenfertig
2 Frühlingszwiebeln, schräg in Ringe geschnitten
30 g Koriander

Zubereitung

Die Schalotten im Kokosöl bei mittlerer bis starker Hitze 3 Minuten braten. 40 ml Wasser, die rote Chilischote, die Kokossoße, das Zitronengras und die Safranfäden hinzufügen. Zum Kochen bringen und dann die Muscheln hineingeben. Abgedeckt ca. 5 Minuten köcheln lassen, bis sich die Schalen öffnen. Muscheln, deren Schalen sich nicht öffnen, wegwerfen. Den Deckel abnehmen und weitere 5 Minuten unter Rühren garen. Brühe und Muscheln in 2 Servierschalen verteilen und mit Frühlingszwiebeln und Koriander garnieren.

FISCHFILET MIT TAMARINDE (THAILAND)

Vorbereitung: 10 Minuten
Garzeit: 15 Minuten

Für 2 Personen

2 TL Tamarindenpaste
2 Schalotten, gehackt
2 EL Ingwer, gehackt
einige Zweige Koriander, grob gehackt plus 1 TL

2 TL Zucker
1 EL Nuoc-mam
2 feste weiße Fischfilets, z. B. Kabeljau
1 EL marinierte Vogelaugenchilis (siehe Seite 34) nach Belieben

Zubereitung

Tamarindenpaste, 60 ml Wasser, Schalotten, Ingwer, Koriander, Zucker und Nuoc-mam auf mittlerer bis hoher Stufe erhitzen und rühren, bis Tamarindenpaste und Zucker aufgelöst sind. Die Fischfilets hinzufügen, zudecken und 10 Minuten köcheln lassen. Auf 2 Teller verteilen und mit 1 TL Koriander garnieren. Mit den marinierten Vogelaugenchilis servieren.

REGISTER

DANK

Mein Dank gilt in erster Linie Catie Ziller, die mir die Möglichkeit gegeben hat, dieses Buch mit meinen asiatischen Lieblingsgerichten zu veröffentlichen. • Wie immer gilt mein herzlicher Dank Kathy Steer für ihre redaktionelle Arbeit und Michelle, die mit ihren Illustrationen dieses Buch verschönert hat. • Dieses Buch wäre ohne die Hilfe von Jessica Darakjian und Kaitlyn Kisser, die für einen reibungslosen Ablauf sorgten, nie entstanden. Julia Stotz danke ich für ihren Humor, aber vor allem dafür, dass sie meine Rezepte mit ihrem fotografischen Talent ins rechte Licht gerückt hat. • Schließlich möchte ich meinen beiden besten Freunden danken: meinem Mann Joel Speasmaker und Lisa Butterworth für ihre unermüdliche Unterstützung.

Bibliografische Information der Deutschen Nationalbibliothek
Die Deutsche Nationalbibliothek verzeichnet diese Publikation in der Deutschen Nationalbibliografie. Detaillierte bibliografische Daten sind im Internet über http://dnb.de abrufbar.

Für Fragen und Anregungen
info@rivaverlag.de

1. Auflage 2023

Türkenstraße 89
80799 München
Tel.: 089 651285-0
Fax: 089 652096

Die 1. Originalausgabe erschien 2017 bei Hachette Livre unter dem Titel *Juste un Wok*.

Übersetzung: Wiebke Krabbe
Redaktion: Ulrike Reinen
Umschlaggestaltung: Sonja Vallant
Umschlagabbildung und Abbildungen im Innenteil: Julia Stotz
Satz: inpunkt[w]o, Haiger (www.inpunktwo.de)
Druck: Firmengruppe APPL, aprinta Druck, Wemding
Printed in Germany

ISBN Print 978-3-7423-2255-5
ISBN E-Book (PDF) 978-3-7453-2042-8
ISBN E-Book (EPUB, Mobi) 978-3-7453-2043-5

Wir produzieren nachhaltig
www.m-vg.de

Weitere Informationen zum Verlag finden Sie unter
www.rivaverlag.de
Beachten Sie auch unsere weiteren Verlage unter www.m-vg.de